梅蘭芳与中华美育精神

梅兰芳先生诞辰一百三十周年
梅葆玖先生诞辰九十周年献礼

焦丽君　付桂生　著

中国国际广播出版社

图书在版编目（CIP）数据

梅兰芳与中华美育精神 / 焦丽君，付桂生著. —北京：中国国际广播出版社，2023.11

ISBN 978-7-5078-5451-0

Ⅰ.①梅… Ⅱ.①焦…②付… Ⅲ.①梅兰芳（1894-1961）—生平事迹②美育—研究—中国 Ⅳ.①K825.78②G40-014

中国国家版本馆CIP数据核字（2023）第217941号

梅兰芳与中华美育精神

著　　者	焦丽君　付桂生
责任编辑	屈明飞
校　　对	张　娜
版式设计	邢秀娟
封面设计	赵冰波
出版发行	中国国际广播出版社有限公司［010-89508207（传真）］
社　　址	北京市丰台区榴乡路88号石榴中心2号楼1701 邮编：100079
印　　刷	北京汇瑞嘉合文化发展有限公司
开　　本	710×1000　1/16
字　　数	220千字
印　　张	15.5
版　　次	2023 年 11 月　北京第一版
印　　次	2023 年 11 月　第一次印刷
定　　价	56.00 元

梅兰芳先生（1894—1961 年）

梅兰芳先生（1894—1961 年）

梅葆玖先生（1934—2016 年）

梅葆玖先生收焦丽君为徒（2012 年）

焦丽君看望梅葆玖先生（2016 年）

王志怡教授（梅兰芳亲传弟子）给焦丽君说戏

王志怡教授（梅兰芳亲传弟子）与焦丽君合影

焦丽君饰演穆桂英

焦丽君饰演虞姬

序　一

金秋十月，学生焦丽君专程从北京来到银川探望我，让我十分欣喜。于此，想起 2008 年我俩相识于中国戏曲学院研究生班的情景，当时我受戏曲学院的委派，成为她学习梅派青衣的导师。如今我已近 90 岁，再次相见，感慨万千，不由回想起她在研究生班跟我学习时的情景。那时，我每周一对一地给她传授梅派艺术，剧目有《太真外传》《霸王别姬》《洛神》《西施》《贵妃醉酒》《天女散花》《凤还巢》等，结合梅派艺术的手眼身法步等功法技术，尤其是梅兰芳大师和梅葆玖老师在表演上的不同之处，以及他们在艺术上的创新意义进行讲解。焦丽君学习十分刻苦，她不仅认真钻研技术技巧，更不断追求和探索梅派艺术的精神。经过不懈的努力，她在梅派青衣表演上有了很大的提高，对梅派艺术的成就和贡献也有了深刻的认识。此后，她还把这些学习心得和表演经验加以整理，陆续发表了多篇论文，得到业界专家的好评，我为她取得的成绩感到欣慰。

2012 年，焦丽君拜梅葆玖先生为师，立志为传承和研究梅派艺术奉献终身，从此她更加用心学习梅派艺术，学习梅葆玖老师做人做事的风范。每次师生相聚，我们都会说戏、唱戏，反复讨论梅派艺术的特点和表演技法，教与学的氛围特别融洽。焦丽君成长得很快，不仅成为中央戏剧学院京剧系的一名教师，而且坚持走在教授梅派艺术的道路上。现在她仍然在孜孜不倦地学习梅派艺术，在我面前也依如从前那样谦虚好学，我相信她一定能够在传承梅派艺术上做出自己的贡献。

这次，她专程来看我，她给我看《梅兰芳与中华美育精神》的书稿，我见到后十分高兴，这是研究梅派艺术的又一部新作。她给我讲这本书是她和中央戏剧学院京剧系毕业的博士、现在清华大学任教的青年学者付桂生一起合作的著作。该书从美育角度阐述梅兰芳审美形态和艺术价值，也比较全面地诠释了她在学、教梅派艺术过程中的感悟和体会。以现代视角、结合中华美育精神来解读梅兰芳大师是学术研究的进步。如何在新时代语境中不断深化梅兰芳研究，使梅派艺术与当代戏曲教育进行有效的衔接和融合，是新一代梅派传承人的责任和使命。两位年轻学者的研究是难能可贵的，对于京剧事业的传承和发展具有积极意义。

最后，祝《梅兰芳与中华美育精神》成功出版，不到之处请读者予以指正。

王志怡教授

2023 年 11 月 16 日

序　二

中国京剧历史上留下了无数位京剧表演艺术家的身影，其中最为璀璨和特殊的当数梅兰芳先生。从中国戏曲历史的坐标轴上看，梅兰芳是民族戏曲表演体系和美学风格的集大成者，他的艺术成就是民族艺术积累的必然结果，代表着京剧的艺术高峰。从世界戏剧文化历史上看，他是第一位将民族戏曲文化带往西方世界并产生巨大影响力的艺术家。斯坦尼斯拉夫斯基、梅耶荷德、布莱希特等世界级戏剧家都给予了梅兰芳很高的赞誉，从他们的后继传人耶日·格洛托夫斯基、尤金尼奥·巴尔巴等人身上也能追溯到梅兰芳的影响。梅兰芳是民族的，也是世界的。梅兰芳已经成为戏曲领域最为重要的研究对象之一，学界对梅兰芳的研究持续发展，研究成果不断深化和精进，尤其是近年来一些重要的科研项目和学术成果不断问世，梅学研究已逐步系统化和体系化。

我们知道，历史上有“南欧北梅”的美誉，欧是欧阳予倩，梅是梅兰芳，两人是挚友，都是在百年戏剧进程中发挥重要作用、产生重大影响的戏剧家。欧阳予倩盛赞梅兰芳是“伟大的演员”“美的创造者”，这是他在1954 年为纪念梅兰芳舞台生活五十年大会上的发言，是发自内心的赞叹，也是对梅先生艺术成就最真诚和中肯的评价。欧阳老是中央戏剧学院的奠基人，他的戏剧观念深刻影响了中戏的办学理念，“求真、创造、至美”六字校训是成为中戏人始终坚守的准则，这六个字看似简单，却很有深意和哲理。这六个字阐述了一个人成为艺术家的过程，也指明了一个艺术工作者一生从艺的追求，梅兰芳的一生就是最完美的例证。

求真是艺术创造的前提，也是一名从事艺术工作者应当始终具备的状态和素养。“戏”这个字非常有意思，在古汉语中是一个“虚”字和一个“戈”字的结合，所谓“戲”是以假作真，戏曲舞台上的人与事无不是对历史中的人与事、生活中的人与事，乃至虚构世界中的人与事的形象化、意象化、假定性的演绎。在戏曲文化语境中，表演的人不认为是真的，看戏的人也不觉着是真的，演员与观众之间有着一种天然的默契，你演我看，我看你演。可是，看戏的人又信以为真，演戏的人也是假戏真做，双方都较着劲，演戏的人铆足了劲，投入真感情，拿出真本事，让观众看得过瘾，感觉到真实性，博得观众的喝彩。如何演好戏，具备扎实的功夫和技艺是基础，最重要的是从艺者要有一颗“真心”，对艺术始终抱以真诚的态度。“天下未有心不在是事而是事能诣极者，亦未有心心在是事而是事不诣极者，心心在一艺，其艺必工；心心在一职，其职必举。”（纪晓岚《阅微草堂笔记》）而这就要求演员从学戏之始到演戏之终都得保持一颗纯粹的真心，每一步都得脚踏实地，从一而终。梅兰芳就是在艺术上始终保持真诚的人，他的一生都在为京剧艺术事业奋斗。

“创造是艺术修养的成果”是梅兰芳的艺术信条。梅兰芳的一生都在戏曲舞台上进行着创造性的工作，不断推进着京剧艺术的革新与发展。他在京剧艺术上的创新主要表现在两大方面。一方面是对传统京剧人物和表演方式的继承和改造，即将 20 世纪新的艺术观念和思维化用到传统戏中，对一些不合理的地方进行改良，提升了表演的艺术水准，使之适应时代审美的变迁，成为新的典范被后世传承。这方面例子有很多，如《汾河湾》《贵妃醉酒》《宇宙锋》《玉堂春》等。以《宇宙锋》为例，梅兰芳说：“在我一生所唱的戏里边，《宇宙锋》是我功夫下得最深的一出。”这出戏本出自徽班、汉剧和梆子班的旧剧，移植到京剧中并没有多少出彩的地方，往往放在中轴的位置，属于内行说的“大路活”。梅兰芳的改造使这部戏大放光彩，成为梅派中女性形象最为独特的一部戏，也是最难以演出神采的一部作品。在戏中他对赵艳荣表情和身段的处理的方式，是传统青衣戏中所不具备的，对“疯态”的处理展现出高超的表演能力，在“装疯”与“假疯”之间做到灵活自如地转化，极为考验一个青衣演员的舞台造诣。正因为梅兰芳这种精益求精的创造精神，使京剧旦行表演艺术迈向了新的艺术高度。另一方面是他在20世纪新的文艺思潮的影响下，敢于在保守的京派戏曲圈中树起改革的旗帜，这不但需要卓越的艺术眼光和文化视野，也需要敢于承担失败风险的勇气和担当。他在古装新戏、时装新戏上的创新之举，是无中生有的创造，展现出梅兰芳厚重的文化根基和灵活自由的创造力，凸显出梅兰芳引领时代的创新精神，为京剧舞台创造开拓出了一条成功的新路。更为重要的是，他在这种探索尝试中保持着理性的决断力，没有被一时的掌声所蒙蔽，能够清醒地把握住艺术创造的正确方向。当他意识到时装新戏存在问题时，“京戏演员从小练成功的和经常在台上用的那些舞蹈动作，全都学非所用”，果断停下了探索的脚步。他不断深化古装新戏的创新，创排出了《嫦娥奔月》《黛玉葬花》《千金一笑》《天女散花》《霸王别姬》等五部不朽之作。更为可贵的是，他还能从舞台实践中总结经验，提出“移步不换形”的戏曲革新观念，为20世纪戏曲革新提供了可供参考的路径。

至美，是中国艺术创造的旨归。中国传统社会是一个高度重视道德的德性社会，孔子讲“志于道，据于德，依于仁，游于艺”，善与美是不可割裂的整体，所谓尽善尽美正是对艺术作品和艺术创作者提出的要求。梅兰芳不仅仅是艺术美的化身，也是君子风范和爱国主义精神的典范。梅兰芳出生在一个伶人家庭中，他的祖父梅巧玲就是一个乐善好施、慷慨仁义的名伶，在《舞台生活四十年》中我们能够看到梅巧玲“焚券”和“赎当”的善举。梅兰芳在祖母的教育下长大，从小接受着中国人劝人向善的教诲，在心灵深处种下了一颗善的种子。抗战期间，他移居上海，生活陷入困窘，靠卖字画维持生计，却依旧坚持给留在京城的班社老人邮寄生活费，这是他做人的德行。一个伟大的艺术家是属于他的祖国的，梅兰芳之所以成为文化意义上的"梅兰芳"，就是因为他伟大的爱国主义精神。梅兰芳出访美国获得巨大成功之后，其影响力溢出梨园圈，成为国际公众人物。在国家危难之际，他的所作所为展现出中国人的风骨和精神。九一八事变后，他带领家人南迁，移居香港、上海。他排演的抗敌救国新戏——《抗金兵》《生死恨》等，唤起了人们的爱国精神。他冒着生命危险，拒绝与敌人合作粉饰太平，蓄须明志，成就了一段历史佳话。梅兰芳的一生是尽善尽美的，在京剧舞台上他塑造的艺术形象体现了民族美德，在人生舞台上他以民族的美德来塑造了自己的形象。

戏曲自古承载着中华民族的道德观念、价值观念、审美观念，经过几百年的积累和沉淀，形成了独有的戏曲美学精神和独特的美育精神，滋养了一代又一代中国人。而梅兰芳正是在中华文化土壤里孕育出的一颗明珠，是新时代戏曲美育文化建设中重点弘扬的典范。从美育角度阐述梅兰芳的文化价值和艺术魅力，是一个新的课题方向，为弘扬和传承梅兰芳艺术开拓了新的视角。

付桂生是我在中央戏剧学院带的第一个博士生，也是京剧系培养的首位博士研究生。毕业后，他应聘到清华大学艺术教育中心任教，承担全校学生的美育课程。焦丽君是梅葆玖先生的亲传弟子，在中央戏剧学院京剧系任教。两人合作完成的《梅兰芳与中华美育精神》以梅兰芳和戏曲美育精神为研究对象，从美育的角度阐述梅兰芳的文化价值和艺术魅力，向新一代的年轻学子讲授梅兰芳的艺术魅力和审美价值，这是十分有必要的。大学生是戏曲美育的主要对象，采取何种教育方式来培养他们的戏曲兴趣，是戏曲进校园面临的一个重要课题。他们作为青年教师应该多开拓思路，从青年人的角度思考和讲授京剧艺术，在寓教于乐中传播京剧艺术。我曾多次应邀参加清华大学举办的校园戏曲节，对清华园里浓厚的戏曲艺术氛围感到惊叹。书中专门选取了 5 篇清华学子撰写的关于梅兰芳的文章，这些戏曲进校园活动的成果让我看到了他们对于梅兰芳艺术的态度和见解。青年人是戏曲传承的希望，我由衷地希望越来越多的大学生能够走进京剧课题，喜爱和传承京剧艺术。

2024 年是梅兰芳先生诞辰 130 周年、梅葆玖先生诞辰 90 周年，是非常值得纪念的日子。《梅兰芳与中华美育精神》的出版恰逢其时，梅兰芳艺术的研究任重道远，希望更多的年轻戏曲研究者关注和研究梅兰芳艺术，共同推进京剧艺术研究的进步。

著名京剧表演艺术家、中央戏剧学院二级教授、

博士生导师、中国少数民族戏剧学会副会长

郭跃进

2023 年 11 月 15 日

导言 “美善合一”作为戏曲美育范本的梅兰芳 001

第一编 梅兰芳艺术的形与神

第一章 梅兰芳古装戏改革的时代性 007

第一节 梅兰芳古装戏改革的背景 009

第二节 梅兰芳古装戏的多元取向 011

第三节 梅兰芳古装戏改革的影响 025

第二章 梅兰芳古装戏改革的美学建构 027

第一节 圆融之美 027

第二节 线性艺术与中和之美 029

第三章 梅兰芳古装戏改革的意义 033

第一节 对梅派艺术的意义 033

第二节 “移步不换形”的启示 035

第四章 梅兰芳剧目艺术论 039

第一节 以“醉”为美的《贵妃醉酒》 040
第二节 “剑舞流芳”的《霸王别姬》 044
第三节 “新不离本”《嫦娥奔月》的舞台重构 048

第五章 梅兰芳的革新精神 056

第一节 在创作中处处彰显革新精神 056
第二节 在“时装新戏”中“标新立异” 059
第三节 在民族文化土壤中“守正创新” 065

第六章 梅兰芳与清华大学校园戏曲美育 071

第一节 清华大学戏曲美育历史与传统 071
第二节 清华学子眼中的“梅兰芳” 079

第二编 戏曲美育思想与当代实践

第七章 古代戏曲美育的历史演进 123

第一节 溯源古代戏曲美育观念 124
第二节 意识觉醒的宋元戏曲美育思想 126
第三节 走向成熟的明代戏曲美育思想 136
第四节 守成态势的清代戏曲美育思想 152

第八章 新时代戏曲美育发展 160

第一节 戏曲进校园的政策变迁 160
第二节 高校戏曲进校园的美育效果及趋势 168
第三节 文化自信视域下戏曲校园美育的时代价值 194

附录一 梅兰芳年谱 205

附录二 梅兰芳演出剧目及扮演角色（以时间先后为序） 212

参考文献 218

后记 223

“美善合一”作为戏曲美育范本的梅兰芳

在世界文化版图中，中国文化的一个鲜明特征是自身传承的连续性、稳定性和持续性。在这条历史长河中，中国文化从未出现断裂，形成了累积创造的渐进式文化发展逻辑。20 世纪中国文化的总体态势走向是“推陈出新”。赓续传统、吐纳出新是中国文化演进的内在要求。这段历史经验告诉我们，绝不能斩断、割裂与过去的血脉，只有在融贯传统的基础上，才能保持文化自身特质，保持民族文化的精神品格。“真正的传统并不是一去不复返的过去的遗迹，它是一种生机勃勃的力量，给现在增添着生机与活力。”[①] 面对东西方文明相互交流与碰撞的大时代语境，“出新”是一个有生命力的民族文化发展到困境阶段，必然走向寻求蜕变与自救的历史抉择。20 世纪以来，作为中国传统文化典型代表的戏曲艺术，正经历着必须从传统迈向现代的艰难嬗变。从农耕文明一路走来的戏曲，在中西文化交流与碰撞的社会环境下，面临着新的选择与挑战。

百年戏曲在现代化的历史进程中、在“民族化”与“现代化”的道路上，走过弯路，遭遇过挫折，也积累了丰富的经验，形成了成熟的“新的更合理的戏曲”。尤为可贵的是我们在这段历史中总结出经验，达成了一种

---

① 斯特拉文斯基. 艺术创造［M］// 李普曼. 当代美学. 北京：光明日报出版社，1986：407.

共识。那就是不能以社会进化论的观念，强行区分文化的优劣。传统艺术的创新不能背弃传统，不可通过简单粗暴的“拿来主义”将异质的观念，强行植入自身文化生态中。“从我们人类的经验和历史来看，只有当人有个家，当人扎根在传统中，才有本质性的和伟大的东西产生出来。”①

回顾这段历史，我们会发现梅兰芳之于中国戏曲文化的特殊价值和历史意义。梅兰芳在20世纪的巨大时代变革中，在京剧艺术上创造了前所未有、无人超越的辉煌，将整个戏曲艺术推至一个全新的高度。“作为中国传统戏曲的杰出代表，梅兰芳（1894—1961）以其精美的艺术创造以及梅派艺术的广泛的影响，既显示出其丰厚的大众文化的积淀，又超越了戏曲所固有的民间文化的领地，将戏曲引领到了一个空前的高度。也就是说，一方面，他离不开民间文化的滋养，并且深深地浸润其中；另一方面，由于他对于高文化的自觉地汲取，特别是他的世界文化眼光的取得，从而对于传统戏曲艺术样式积极地加以扬长避短的改造，并以其比较戏剧的实践而获得广泛的世界性的声誉。”②

梅兰芳的文化价值不仅仅局限于戏曲领域，在整个民族文化复兴，乃至审美文化建设中也发挥着十分重要的作用。欧阳予倩说，梅兰芳是美的化身。他在京剧舞台上塑造了嫦娥、虞姬、杨贵妃、洛神等人物形象，他长时间引领京剧革新，在戏曲舞台上创造了永恒的“梅兰芳意象”。于此，梅派艺术在中华文化史上留下了璀璨的一笔。

作为艺术家，梅兰芳的人格魅力和爱国情怀堪称典范，抗战时期，他蓄须留志，展现出高尚的爱国主义精神；生活中，他扶危救困、待人厚道，深受儒家思想的影响，具有高尚的人格品德。

中国传统社会是以人生和道德智慧为核心，是一种人文性、道德性的

---

① 海德格尔. 海德格尔选集（二十世纪欧美思想家文库）：下［M］. 孙周兴，选编. 上海：生活·读书·新知三联书店，1996：1305.

② 施旭升. 中国戏曲审美文化论［M］. 北京：北京广播学院出版社，2004：248.

“德性”文化。因此，对于艺术家的肯定也是建立在对其人品德行基础之上的，这是民族文化的属性。在中国文化语境中，“善”与“美”是相提并论的概念，原本是伦理学概念的“善”，在儒家思想中转化为一种美学范畴，“美”是依附于“善”而存在的。“孔子认为，评论作品，不但要掌握艺术标准，注意艺术形象美不美，而且要掌握政治道德标准，看其内容善不善。从他指责‘郑声淫’、批评《武》乐‘未尽善’和以‘思无邪’论定诗三百可知，他是把‘善’看得比‘美’更高、以‘善’为艺术审美评价之首要标准的。滥觞于孔子的这种思想，在中国美学史和艺术史上打下了很深的烙印。强调‘美善统一’，主张美学思想和伦理思想的紧密结合，此乃中国古典美学的一大民族特色。”[①] 梅兰芳之所以成为中国传统文化标识的“梅兰芳”，绝不仅仅因为他在剧艺上的成就和影响力，还因为他身上展现出来的儒家文化品格。

简言之，梅兰芳一生循美而行，在艺术上他精益求精、尽善尽美，实现了中正平和的审美境界；在人格上他德善待人、浩然正气，施行君子之道，成为中华美育精神“美善合一”的典范。

对于杜甫之所以被称为“诗圣”，著名学者叶嘉莹先生做过这样的评价。“一是他禀有着极为难得的健全的才性，即深厚、博大，均衡与正常；二是他又有着清明而周至的理性，做到博观兼采而无所偏失；三是在修养与人格方面，凝成了一种集大成的境界；四是他的继承传统而又能突破传统的正常与博大的创造精神。”[②] 叶先生对于杜甫的评述用到梅兰芳身上同样妥帖，杜甫生在唐诗繁盛的时代，遭遇了安史之乱；梅兰芳长在京剧辉煌的时代，经历了民族危机。事实上，他们所取得的成就和影响力，已经凝聚成了一种独特的文化遗产。

鲁迅先生言：“要改造国人的精神世界，首推文艺。”“举精神之旗、立

① 成复旺. 中国美学范畴辞典［M］. 北京：中国人民大学出版社，1995：191.

② 叶嘉莹. 杜甫《秋兴八首》集说［M］. 上海：上海古籍出版社，1988：7.

精神支柱、建精神家园”，都离不开文艺的作用。当前，中国处于世界百年未有之大变局，坚守中华文化立场，传承中华文化基因，弘扬中华美学精神，彰显中华审美风范，成为中华民族审时度势的重大抉择。中华审美的实践在于美育，随着中国传统文化的复兴，梅兰芳作为传统戏曲审美典范的价值，应当得到进一步彰显。

第一编

梅兰芳艺术的形与神

梅兰芳古装戏改革的时代性

清末民初时期，京剧发展迅速，京剧界各行当都出现了一批高水平的演员，京剧艺术的表演也开始进入发展的高峰，声誉日隆，流派纷呈，流行甚广。到 20 世纪 20 年代中期，遂有“国剧”之誉，并在全国各地广为流传。随着京剧班社制度的成熟，京剧已经由最初的“集体制”向“名角挑班制”过渡，名角越来越拥有自己的专属服务人员，包括琴师、司鼓、检场等，旦角演员还有专门的化妆、梳头师傅等，随着名角的地位不断提升，戏班班主在安排演出剧目和聘请助演上开始注意搭配，并且开始按照技艺的高低作为演出顺序依据，戏班的运作也是主要配合台柱演员，而台柱演员也必须不断努力以维持自己的地位，至此，“名角挑班制”正式成形。

京剧旦行虽然在“同光十三绝”时已经有了颇负盛名的旦角演员，如梅巧玲、余紫云、时小福等，但是当时一方面由于青衣和花旦的分工严格，不能互相逾越，限制了艺术手段的互相发挥；另一方面旦角剧目相对于老生剧目较少，处于配角地位。艺术大师王瑶卿开始锐意革新，逐渐突破了青衣和花旦的界限，促使“花衫”行当成形，进一步丰富了旦角演员的表演，使得旦角艺术得到全新的发展，为此后旦角演员的崛起奠定了坚实的基础。

随着旦行演员表演技艺的日臻成熟、社会风气的转变以及女性观众可以自由地进戏园看戏，旦行演员开始与生行演员并驾齐驱成为舞台的焦点，此时的梅兰芳“年方弱冠，声势半天下”。虽然当时的老生流派较多，但实质影响已经不如旦行，这从 1921 年 9 月 1 日第一舞台演出的戏单可以看出（图 1-1）：大轴由梅兰芳、余叔岩担任（此时余叔岩正在梅兰芳的承华社挂三牌），杨小楼则排在倒数第二，可见旦行已经上升为当时京剧活动的主力，旦行演员在戏班中既是主演又是班主、东家，旦行“名角挑班制”的地位得到确认。此时，风行的旦行班社有梅兰芳的承华社、程砚秋的秋声社等。在这种“演员吸引观众、观众捧红演员”的氛围下，梅兰芳的名气越来越大。

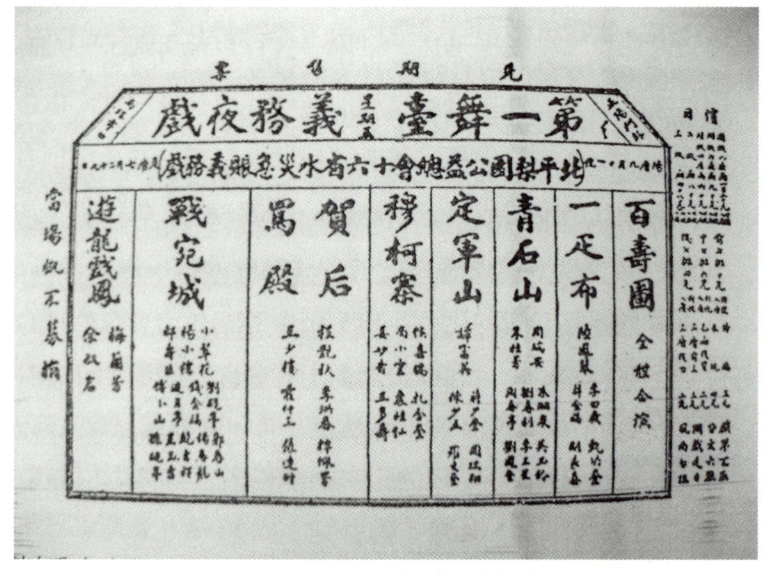

第一舞臺義務夜戲

北平梨園公益總會十六省水災急賑義務戲

百壽圖 全班合演

一疋布

青石山

定軍山

穆柯寨

賀后罵殿

戰宛城

遊龍戲鳳 梅蘭芳 余叔岩

图 1-1 第一舞台演出戏单

（采自《旧京老戏单》）

1913 年，梅兰芳走红上海滩前，便在戏曲界风华初露。1914 年，他再次赴沪，在新的文化环境中拓展了自己的艺术视野。他观摩了时装京剧和时装文明戏，二者给他留下了深刻的印象，也对他的思想产生了很大的冲击：是循着京派老前辈的路子在传统戏的表演上不断提高，还是仿照海派的路子做一点时装新戏和古装戏的尝试？最终，梅兰芳选择了后者，他说：

> 我不愿意还是站在这个旧圈子里边不动，再受它的约束。我要走向新的道路上去寻求发展。我也知道这是一个大胆的尝试，可是我已经下了决心放手去做，它的成功与失败，就都不成为我那时脑子里所要考虑的问题了。[①]

1914—1916 年，梅兰芳共创排《孽海波澜》《宦海潮》《邓霞姑》《牢狱鸳鸯》《一缕麻》等五出时装新戏。时装新戏的尝试因其轰动的效果，打开了排演新戏的风气，也促进了演员的求变心理。至此，在京名角纷纷跟进排演各自的新戏。这种敢于革新的新思想，也为梅兰芳下一步进行的古装戏编演奠定了基础。

经过时装新戏之后，梅兰芳开始在“梅党”文人士大夫的帮助下，进行古装戏改革，编演了一大批古装剧目，在服装、舞美等方面取得了卓越的成就，在当时产生了广泛的影响。

第一节　梅兰芳古装戏改革的背景

一、社会文化背景

随着京剧的日趋发展和成熟，戏迷的欣赏水平的不断提高，老北京戏曲观众的主体——普通北京市民，已经不像欣赏昆曲的文人士大夫那样一味地追求高雅，也不像一般的贩夫走卒和豪客那样惟色是求。审美趣味的变化使京剧界追求整体效果美，从而迈向了改革的道路。新文化运动以来，随着西

---

① 梅兰芳. 梅兰芳回忆录［M］. 北京：团结出版社，2006：235.

方思潮的大量涌入，以胡适、鲁迅、钱玄同、傅斯年等为代表的学人展开对戏曲的批判。胡适在《新青年》发表的《文学进化观念与戏剧改良》一文中把京剧比作历史的“遗形物”“男人的乳房”，形虽存在，作用已失，本可废去，总没废去……众多新文化运动倡导者，在体制、文学等方面对京剧的存在形式发出质疑。这场关于戏曲问题的大论战，对京剧产生了深远的影响。虽然当时的一些具有民主主义思想的代表人物，对京剧本体的了解并不深刻，急于革新的心理造成了思想的局限性，倡导的观点确有偏狭之处。但是他们着眼于改造旧社会、改造旧文化的舆论导向，在当时具有进步意义，对京剧界起到了振聋发聩的作用。这场世纪初的思想文化运动，为京剧革新奠定了思想基础，刺激了京剧界民主思想的觉醒，加快了戏曲改革的进程。20世纪初，一批受到资产阶级民主思想影响的知识分子投身到京剧革新，他们塑造了很多新的女性形象，在一定程度上提升了剧本的文学水准。优美的唱腔以及高雅的语言，也使演员在最大限度上发挥了自己的艺术潜质。

二、梅兰芳对戏曲改革的自觉性

梅兰芳时装新戏虽然在当时取得了一定的影响，上座率很高，一时受到了观众追捧。但是梅兰芳却以理性态度加以考量，他认为没有达到理想的艺术效果：一方面新戏是拿当地的实事做背景，剧情不曲折，观众容易懂；另一方面观众看惯了老戏，看到时装打扮，耳目一新，带有新奇的成分，因此，这种好奇心驱使下的上座率，不能完全当作新戏在艺术上的成功。更为重要的是，在梅兰芳看来，时装新戏的表演在一定程度上限制了前辈艺人积累的舞台表演技艺的发挥。时装戏演绎的是现代故事，演员在台上的动作要尽量接近日常生活的形态，这与传统戏的程式化的表演存在一定的差异性。在这种情况下，京剧演员从小练成的和经常在台上使用的技艺大都“学非所用”，梅兰芳说：

有些演员，正需要对传统的技艺，做更深的钻研锻炼，可以说还没有达到成熟的时期，偶然陪我表演几次就要他们演的深刻，事实上的确是相当困难的。我后来不多排时装戏，这也是其中原因之一。[①]

时装新戏时期奠定了梅派艺术形成的基础，一方面加强了梅兰芳形成独特风格的艺术积累，另一方面也打磨了梅兰芳及其合作团体，对下一步打造梅兰芳的“专属剧目”提供了有价值的经验和教训。时装新戏尝试后，梅兰芳也越来越不满足于跟随前辈艺术家亦步亦趋的表演传统剧目，他将目光转向创排古装戏。

第二节　梅兰芳古装戏的多元取向

从 1915 年开始，梅兰芳的艺术生涯开始进入古装戏改革时期，这一时期也是梅兰芳个人艺术风格和梅派艺术形成的重要积累时期。梅兰芳在“梅党”文人士大夫的帮助下，共创排剧目 14 出（表 1-1）。

表 1-1　梅兰芳排演古装戏情况表

编排时间	剧目名称	首演时间	首演地点
1915 年	《嫦娥奔月》	10 月 31 日	吉祥园
1916 年	《黛玉葬花》	1 月 14 日	吉祥园
	《千金一笑》	3 月	吉祥园
1917 年	《木兰从军》	3 月	第一舞台
	《天女散花》	12 月 1 日	吉祥园
1918 年	《麻姑献寿》	6 月	吉祥园
	《红线盗盒》	10 月	广和楼

① 梅兰芳. 梅兰芳回忆录［M］. 北京：团结出版社，2006：257.

续表

编排时间	剧目名称	首演时间	首演地点
1920 年	《上元夫人》	8 月	广和楼
1922 年	《霸王别姬》	1 月	第一舞台
1923 年	《西施》	9 月	真光戏院
	《洛神》	11 月 21 日	真光戏院
	《廉锦枫》	11 月	真光戏院
1925 年	《太真外传》	7 月	开明戏院
1927 年	《俊袭人》	冬	开明戏院

这 14 出剧目在梅兰芳的艺术生涯中具有重要意义，通过这些剧目，梅兰芳完成了表演、化妆、服装、舞美、伴奏与曲词等一系列的改革，并取得了巨大的成功，进一步完善了自己的艺术风格，为梅派的确立奠定了坚实的基础。

一、表演方面

在古装戏改革初期，梅兰芳不断对新编戏的表演形式进行磨炼，反复尝试。他曾深有感触地说：

> 大凡任何一种带有创造性的玩意儿，拿出来让人看了，只要还能过得去，这里面准是煞费经营过的了。古装戏是我创造的新作品，现在各剧种的演员们在舞台上，都常有这种打扮，观众对它好像已经司空见惯，不以为奇了。可是在我当年初创的时候，却也不例外的耗尽了许多人的心血。[①]

① 梅兰芳. 梅兰芳回忆录［M］. 北京：团结出版社，2006：257.

通过一系列改革，梅兰芳在表演方面取得了许多成就：一是设计了众多载歌载舞的戏曲表演身段，增加了“花衫”行当的多种表演形式，丰富了旦行舞台表演；二是在人物表情和内心的刻画上，丰富了青衣行当舞台表演的多样性，同时也完善了自己的表演风格；三是通过这些丰富的表演塑造了一大批性格鲜明且风格各异的女性人物。

1. 身段和舞蹈的丰富，增加了京剧的可看性

梅兰芳在古装戏中设计了许多舞蹈性的身段表演，使京剧变得更有“看头”，充实和丰富了“花衫”这一全新的行当，也使京剧欣赏从传统的“听戏”向“看戏”过渡，这是梅兰芳在艺术上向新的道路发展的重要探索。图 1-2 为梅兰芳《嫦娥奔月》的剧照。

图 1-2 梅兰芳《嫦娥奔月》剧照

1915 年夏天，梅兰芳唱过应节戏《天河配》之后，为适应八月十五“天香庆节”，决定根据《淮南子》和《搜神记》中“羿请不死之药于西王母，嫦娥窃之以奔月”的神话记载，编排一出嫦娥奔月的中秋佳节应节新戏。这是梅兰芳的第一次古装戏实验，他与齐如山一起根据剧情设计编排了“花镰舞”和“袖舞”的各种舞蹈姿态，开始了他在古装戏中采取“一戏一舞”的探索。这次尝试取得成功后，梅兰芳进行了一系列新的古装戏编排，灵活化用传统旦角表演中的各种身段，结合人物特点和剧情设计出了一系列舞蹈。如《黛玉葬花》中“葬花”一折的黛玉身段、《千金一笑》第四场中晴雯的“扑萤舞”、《木兰从军》中唱做兼重的“投军”一场中化用于《乾坤山》中哪吒边唱边舞的身段、《天女散花》中的“长绸舞”、《麻姑献寿》中的“盘舞”、《红线盗盒》中“乘风”的身段和“拂尘舞”，以及《霸王别姬》中的“剑舞”等。

事实上，梅兰芳的改革并非盲目的随意创造，而是广泛地从古典艺术中汲取精华：在《嫦娥奔月》《天女散花》中，他借鉴古代仕女图、敦煌壁画等；在《西施》的舞蹈设计中，他特意到京师图书馆（北京图书馆前身）查阅资料，设计了一套西施与旋婆对舞的一手执“羽”（雉尾）、一手执“龠”（笛子）的舞蹈动作；为了设计好《霸王别姬》中的舞蹈，梅兰芳特意向一位武术教师学习太极拳和太极剑，又向王凤卿学习《群英会》的舞剑和《当锏卖马》的舞锏，对于这段，梅兰芳回忆道：

> 《霸王别姬》里的剑舞，是把京剧《鸿门宴》和《群英会》的舞剑，还有《当锏卖马》的舞锏的舞蹈加以提炼变化，同时吸取国术中的剑法汇合编制而成的。[①]

① 梅兰芳. 梅兰芳回忆录［M］. 北京：团结出版社，2006：603.

梅兰芳在古装戏中增加的大量舞蹈身段，给京剧舞台带来了新鲜活泼的表演形式，引领了当时观众的审美趣味，开创了京剧旦行表演的新风气。梅兰芳在古装戏中创排的舞蹈经过岁月沉淀，已成为京剧表演史上经典的表演形式，广泛地被其他剧目、剧种及其他艺术形式所借鉴，流传甚广。

2. 通过表情和内心塑造人物，丰富了青衣行当舞台表演的样式

早期青衣的身段和表情比较单一化，缺少根据戏情戏理的细腻表演，被称为“抱肚子傻唱”。梅兰芳意识到这种表演的不足，非常注重用表情和身段动作来塑造人物。以《霸王别姬》为例，梅兰芳在虞姬的舞台表演上下了很大的功夫，在设计念白和身段时，注重将唱腔和表演与剧情和人物思想感情变化相结合。在演绎“南梆子”“我这里出帐外且散愁情”一句时，梅兰芳注重发挥“音堂相聚”（所谓“音堂相聚”，就是演唱的时候，做到高音、中音和低音衔接没有痕迹，每一个起共鸣作用的器官都能发挥它的效能）的唱腔特点，使演唱做到自然、沉稳，曲中见情，很自然地将虞姬的感情流露了出来；在演绎诀别的“汉兵已掠地，四面楚歌声，君王意气尽，妾妃何聊生”一句时，梅兰芳深刻地表现了虞姬的悲恸欲绝，在唱到末一句时，他一边唱，一面用手掩面而泣，身体逐渐后仰，充分表现了虞姬的悲恸欲绝。刘连荣在《合演〈霸王别姬〉所得》一文中说：

> 梅先生演出的虞姬，虽然处在极度的悲痛中，也毫无大哭大嚷、破装毁容之处，艺术风格很高，既优美婉转，又慷慨悲壮，儿女情长透过英雄气概表现出来。他的处理是含蓄多于外露，压抑多于倾泄，他把这一人物刻画的极有深度。①

这是梅兰芳深入体会人物的心得，更是凝聚压抑凝重氛围的关键。这

① 刘连荣. 合演《霸王别姬》所得［M］// 李仲明. 梅兰芳的梅风兰韵. 北京：东方出版社，2008：132.

出戏在编排上依据梅兰芳“古朴淡雅”的特质，并不单纯利用英雄末路、生离死别的素材来渲染，而是把人生的沉哀巨痛凝聚在虞姬的眉心与剑锋，随着一曲〔夜深沉〕潜入观众心底。

1923 年下半年，梅兰芳的承华社先后排演了《西施》(图 1-3)、《洛神》等剧目，将历史剧编演创作推向新高潮。《西施》一剧的编排，经过“梅党”文人士大夫之手的雕琢，抒情化了许多。梅兰芳所饰演的西施给人一种淡雅幽怨的神情气质，无论是苎萝村的一派清幽、吴宫的轻灵曼妙而不失稳重，还是后来烽烟四起时仍一派不食人间烟火的幽静醇厚，都是他在人物塑造的过程中完成的。

图 1-3 梅兰芳《西施》剧照

《西施》一剧演出成功不久后，梅兰芳开始排演《洛神》一剧。1923年11月21日，《洛神》在真光戏院公演，梅兰芳成功地塑造了美丽善良、脉脉含情的宓妃形象——准确地把握了她的性格特点和她对曹子建的深深依恋之情。当时观看演出的剧评家齐崧描写洛神的圆场，身段轻盈，令人叫绝，他写道：

> 笔者在台下，看他们走这个圆场时，只能注意他们的面目表情和腰以上的身段，至于脚底下的步法，则来不及注意，也无从悬揣。只觉得好似舞台在旋转，而觉察不出他们是在走台步。我所感受到的，只见他们二人是在穿云破雾之中，眉目传情，欲语还休。一个是千言万语，尽在不言中；一个是诚惶诚恐，紧追而不舍。这一幕可以说是把中国式的谈情说爱，与人神之间的契合，发挥的如水银泻地无孔不入，创艺术之高峰，执平剧之牛耳。①

著名戏剧家齐如山也表示：

> 梦中相会，不能一点表情也没有，这种表情倒相当难的，因为表现的稍一过火则近于真人，未免烟火气太重，且不似仙；倘若做的太雅淡，则大众不容易明瞭，则确非易事。这种高尚脱俗的笑容与脉脉含情的双眸，不是普通演员所能领略到的，也不是他们意境中所有的，而只有梅兰芳的非凡气质才能以人况仙。②

齐崧不仅赞赏梅兰芳能在默默之中表现出“欲笑还颦，最断人肠”的境界，在若即若离之中表现出缠绵之情，更说出了观众的普遍共识：

---

① 齐崧. 谈梅兰芳［M］. 合肥：黄山书社，2008：68.

② 齐如山. 齐如山回忆录［M］. 北京：中国戏剧出版社，1989：119.

> 人们都说《洛神》这出戏只有梅兰芳才能演，因为只有他的火候水准，才能够演出她的“若有情与似无情”，才能演出其“情之所发”又能传达出她意之所敛。[①]

在梅兰芳的古装戏改革时期，除了新编戏，梅兰芳还对一些传统戏进行了改编。如《贵妃醉酒》一剧，旧时演出强调贵妃酒后思春，在酒后醉态的表演上不免过火，往往走上淫荡的一面。梅兰芳对剧本、台词和表演做了大量的改革，剔除剧中色情的成分，加强了剧中人的感情描写，突出了“宫怨”的主题，使其逐渐成为梅兰芳的代表剧目。

3. 塑造了一大批性格鲜明且风格各异的女性形象

在古装戏改革时期，梅兰芳通过不同的剧目，成功完成了个人气质与剧中人物的完美结合，塑造了一大批风格迥异的女性形象。

在古装戏创作前期的《嫦娥奔月》、《天女散花》（图 1-4）、《麻姑献寿》等剧目中，梅兰芳所塑造的人物“飘逸空灵”，具有一定的诗意和仙气。通过前期的时装戏改革，“梅党”文人士大夫将梅兰芳的个人气质和表演风格融汇到后期剧目的剧本创作中。在这些剧目中，梅兰芳通过新式的古装扮相和各种丰富的戏曲舞蹈，塑造了一个个鲜活的仙女形象。虽然这些戏的情节简单，但是梅兰芳的个人气质保证了“嫦娥”“天女”“麻姑”等形象所具有的“飘逸空灵”的独特气韵，戏中的轻歌曼舞、凌虚御空，向观众展现了剧中人的“仙气”。

在《黛玉葬花》一剧中，虽然没有繁杂花哨的唱腔和复杂的故事情节，更没有激昂外露的人物性格，但是梅兰芳在塑造林黛玉这一形象时，着重传达幽怨的情绪和孤寂的心情，将林黛玉借着落花自叹的那种寄人篱下的孤苦心情和怀人幽怨的缠绵意绪表现得淋漓尽致。《京剧谈往录三编》中记

---

① 齐崧. 谈梅兰芳［M］. 合肥：黄山书社，2008：61.

载了一位观众的话："每次看完《葬花》回去，总是怀着一种莫名的悲感，抑塞、幽怨，心上好似压着东西似的，沉重的很。"[①] 观众之所以有这种感受，就是因为梅兰芳除了唱念，还在人物塑造上充分展现了林黛玉的情感，引起了观众的共鸣。

图 1-4　梅兰芳《天女散花》剧照

在古装戏后期的剧目中，梅兰芳在塑造人物"飘逸空灵"的基础上，增加了人物的"凝重深沉"的气韵，无论是"虞姬"还是"杨玉环"或是"西施"，不管是怎样复杂的历史背景还是政局纷争，只要梅兰芳饰演的角色一出场，其他一切就随之淡化，观众眼中就只有梅兰芳所饰演的剧中人，所体会的也只有梅兰芳通过个人气质所传达的不同的女性之美。

---

① 中国人民政治协商会议北京市委员会，文史资料研究委员会. 京剧谈往录三编［M］. 北京：北京出版社，1990：575.

纵观整个古装戏时期，梅兰芳的表演风格从开始的《嫦娥奔月》《天女散花》所追求的“诗意”和“仙气”，到后来的《西施》《洛神》所追求的“凝重深沉”以及“华贵气度”，都可以看出，梅兰芳不仅提高了个人的表演水平，也为京剧舞台贡献了一批鲜活生动的舞台形象。

二、化妆、服饰和舞美方面

梅兰芳在古装戏时期，大胆对旦角传统的化妆、服饰和舞美进行改革，这一改革不仅对梅派艺术影响深远，也对整个京剧艺术乃至中国戏曲艺术有着广泛的影响。

在京剧演出时，演员的化妆、服饰和舞美等是舞台演出的重要组成部分，因为这些视觉元素能在第一时间刺激观众的感官。梅兰芳在古装戏改革时期，十分注重化妆、服饰和舞美对剧情和人物塑造的烘托作用。梅兰芳在化妆、服饰和舞美方面的革新不是盲目追求视觉效果，而是在遵循古典美学风范和观众审美心理的前提下，利用新的元素为剧情和塑造人物服务。这一改革理念是贯穿于整个古装戏时期的，也是梅兰芳取得成功的关键。

1. 化妆改革方面

在角色化妆的革新方面，梅兰芳根据饰演角色的身份、年龄和地位的不同加以设计，提高了旦行化妆的整体艺术美感。在头饰改革上，传统的旦角一般梳大头，梅兰芳则根据古代仕女头饰的特点及剧中人物身份的不同设计了不同的发髻样式，如品字髻、海棠髻、吕字髻等。在面部化妆改革上，他改变了原来旦角大开脸式的贴片子方式，把脸型贴为“鹅蛋型”，使得人物面部有了柔和的曲线美。

2. 服饰改革方面

通过反复实践，梅兰芳的“新式古装衣”具有了独特的舞台美感，也较好地解决了古装戏演出的服饰问题。梅兰芳根据人物和剧情的需要，设计了几十种服装样式。如《嫦娥奔月》的采莲衣,《黛玉葬花》的葬花衣,《天女散花》的风带、天宫衣、云路衣,《麻姑献寿》的上寿衣,《红线盗盒》的飞行衣,《霸王别姬》的鱼鳞甲,《西施》的浣纱衣、游湖衣,《太真外传》的霓彩衣、玉真衣，等等。同时，梅兰芳又对水袖进行了加宽加长的改革，使整体的造型更加美观，也更加适用于剧中的舞蹈表演。如梅兰芳在《霸王别姬》一剧中对如意冠进行了改进：将飘带改为鱼鳞甲，并按照当时的最新式样，调整了色彩，并在装饰上加重了分量。

上海戏装师谢杏生说："每次梅先生来上海期间，总要添置、定制一批服装。例如鱼鳞甲，他就一而再再而三地改了许多次，每次都要求有所创新。"[①] 至创演《西施》、《洛神》(图 1-5)和《太真外传》时，梅兰芳在古装戏扮相和服饰方面的改革已经基本成熟，艺术风格也已经逐渐显露。

图 1-5　梅兰芳《洛神》剧照

① 李仲明. 梅兰芳的梅风兰韵［M］. 北京：东方出版社，2008：129.

3. 布景灯光方面

1915 年，梅兰芳在《嫦娥奔月》的演出中首次使用追光，这在国内京剧舞台上是第一次。在后来的《天女散花》中，梅兰芳使用五彩电光来烘托剧情；在《霸王别姬》中，梅兰芳使用淡蓝色的追光来辅助剧情效果，他已经将舞台灯光的作用从原来的仅仅用于照明变为剧情的一部分。灯光开始作为一种舞台造型的手段运用于京剧舞台演出。在舞台布景上，梅兰芳大胆借鉴话剧和海派京剧的做法，突破了传统戏一桌二椅的方式，大胆使用实景。他在《嫦娥奔月》《天女散花》《西施》《洛神》等剧目中都使用了实景来烘托剧情。此外，他还采纳印度诗人泰戈尔的建议，对布景的色彩做了改动。梅兰芳认为：

> 京剧的表演艺术因为是在没有布景的舞台上发展起来的，它充分借助于观众的想象力把舞蹈发展为不仅能抒情，而且还能表现人在各种不同环境——室内、室外、水上、陆地等的特殊动作，并且能表现人的内心世界，我们要给它增加新的东西，主要先考虑它和表演体系有无矛盾，用布景不是完全不好，而要和表演特点做到调和。①

梅兰芳对布景灯光的革新，打破了传统戏布景的设计，又让观众耳目一新，并使舞美在烘托剧情的基础上做到了遵循表演规律，对当时和后来的舞美发展起到了重要作用。

三、伴奏与曲词方面

在古装戏时期的伴奏方面，梅兰芳在文场中加入了京二胡伴奏，这在当时的京剧界是一件破天荒的事。京二胡是梅兰芳在创排《西施》一剧时与琴师

① 李仲明. 梅兰芳的梅风兰韵［M］. 北京：东方出版社，2008：149.

徐兰沅及王少卿共同商议后加入的，在为京剧乐队中添加了中音乐器的同时，也解决了旦角高音与京胡高音之间的音色雷同和单调感的问题，大大加强了乐队和音响效果。梅兰芳曾说："在集体创造过程当中，徐先生（兰沅）是经验丰富，见闻渊博；少卿是思维敏捷，往往能够独出新意，敢于创造。"①

在琴师的烘托下，伴奏与唱腔水乳交融，显示出了梅派唱腔的独特个性。如在梅派代表剧目《太真外传》中，一本至三本的唱腔设计和伴奏风格都达到了新的高度。在"杨玉环生至在华阴小郡"一段中，西皮导板、回龙和慢板的板式设计使唱腔做到了新颖别致，也使内容和形式达到了和谐统一。

在这一时期，梅兰芳除了对伴奏进行改革，在曲词设计上也取得了很高成就。在编演剧目时，"梅党"文人为了创造出符合梅兰芳个人气质特性的专属剧目，不但在唱腔上不断革新，还尽量使曲词设计服务于梅兰芳的形象构建。图 1-6 为梅兰芳与杨小楼在《霸王别姬》中的剧照。

图 1-6　梅兰芳与杨小楼《霸王别姬》剧照

① 梅兰芳. 梅兰芳谈艺录［M］. 长沙：湖南大学出版社，2010：292.

古装戏《黛玉葬花》的唱词改编自《红楼十二曲——枉凝眉》，梅兰芳将唱词改编为："若说没奇缘偏偏遇他，说有缘这心事又成虚化，我这里枉嗟呀空劳牵挂，他那里水中月镜里昙花，想眼中多少珠泪儿，怎经得秋流到冬，春流到夏。"几段唱词概括了宝黛的相遇和分离。《木兰从军》的唱词和念白主要根据《木兰辞》改编扩展而来，紧扣并体现原著的主题思想。在"投军"一场中，梅兰芳借用了〔新水令〕和〔折桂令〕曲牌；在"巡营"一场里，他又设计了大段的西皮慢板，以表达木兰辞别爹娘、从军报国的刚毅性格以及武艺高强、英勇善战的人物形象。

《天女散花》是梅派广为流传的代表剧目之一，在曲词设计中，梅兰芳将二黄西皮和昆曲相结合，如第四场的"云路"歌舞并重，配以西皮导板、慢板、流水；末场的"散花"用了"赏花时"和"风吹荷叶煞"两段昆曲调子，前者套用昆曲《邯郸梦》里扫花的调子，后者套用《思凡》里末一段的调子，并根据表演需要进行了改造。梅兰芳注重剧中人的心理活动，唱词设计也紧扣人物思想。如《霸王别姬》里的"南梆子""我这里出帐外且散愁情"充分表现了虞姬辛酸凄凉的心境；虞姬诀别自刎前的"汉兵已掠地，四面楚歌声，君王意气尽，妾妃何聊生"四句更让人充分体会到了虞姬悲恸欲绝、生离死别的痛苦之情。梅兰芳曾告诉弟子杜近芳要注意《霸王别姬》的念白特色："要表现出特定环境中人物的独特感受，就要念出感情和人物的心里的活动来。"在"看云敛晴空，冰轮乍涌，好一派清秋光景"一段的念法上，梅兰芳"先抬头望月，将左手在胸前一横，然后向前一指，再低头叹息……一个'咳'字，能压得你半天透不过气来，'正是'两字，令人落泪千颗，犹有余哀"①。在《洛神》一剧中，梅派的曲词特点表现出了剧中人独有的气韵和人物特性，在长达二十四句中的"西皮导板、慢板、原板、二六、快板、散板"中，表现了洛神和众仙女"或翔神

① 杜近芳. 梅兰芳先生教我演虞姬［J］. 戏剧报，1984（10）：18-19.

渚，或戏清流，或拾翠羽，或采明珠”的欢悦心情，尤其是唱到“齐舞蹁跹成雁阵，轻移莲步踏波行，翩若惊鸿来照影，宛如神龙戏水滨”时，达到了词、曲、歌舞的完美结合。

第三节　梅兰芳古装戏改革的影响

传统艺术的创新要接受时代的考量和观众的评价，一个新鲜的事物往往会引起观众的不解和议论，尤为考量创作者的艺术眼光和创新能力。

梅兰芳在进行京剧革新的道路上同样遭遇了这样的困境，于传统戏和时装新戏之后出现的新型舞台表演形式，自然也受到了各种舆论的冲击。梅兰芳排演古装戏之后，一些老戏观众看不惯他排演的新戏，认为他在戏里搬用老戏的身段，不能算创作，有人还写了对仗工整的短文来讥讽他的表演是“嫦娥花镰，抡如虹霓之枪；虞姬宝剑，舞同叔宝之锏”。梅兰芳对此并不介意，他认为在新戏中合理地利用老戏身段，不仅丰富了新戏的创作，而且能够深化老戏的表演，他说：

> 艺术的本身，不会永远站着不动，总是像后浪推前浪似的一个劲的往前赶的，不过后人的改造和创作，都应该先吸取前辈留给我们的艺术精粹，再配合自己的功夫和经验，循序进展，这才是艺术改革的一条康庄大道。如果只是靠自己一点小聪明劲，没有什么根据，凭空臆造，原意是想改善，结果恐怕反而离开了艺术。①

梅兰芳的古装戏时期，也是他表演水平的提高时期，通过对剧情和人

---

① 梅兰芳. 梅兰芳回忆录［M］. 北京：团结出版社，2006：264.

物的深刻理解，梅兰芳塑造了一个个鲜活的舞台形象。在《黛玉葬花》一剧中和梅兰芳同台演出的姜妙香认为，梅兰芳塑造林黛玉时并没有像其他演员那样着重刻画她的多愁善感和弱不禁风，而是突出了林黛玉同那个没落的封建家庭格格不入的孤傲倔强的性格，表达了林黛玉由于受到封建礼教的压抑和束缚而感到无法排遣的苦闷，以及想要挣断枷锁追求幸福自由生活的美好愿望，高度再现了林黛玉的人物形象，做到了以形传神，形神兼备。随着梅兰芳艺术的进步，他也越来越受到观众的喜爱。许姬传曾回忆梅兰芳在杭州演出《黛玉葬花》等剧时的情景，戏迷为了占座要在戏馆子里坐上一天，还没有到中午十二点，楼下已经挤满了观众。自己要不去占座，定好了也是白费，可见梅兰芳古装戏的受欢迎程度。

1922 年，梅兰芳赴香港演出，深受香港各界的欢迎和好评。上海《时报》驻港记者报道了《上元夫人》的演出盛况："记自开演至今，一切表情、诸剧及装演神仙故事，无不曲尽其妙，若以歌舞论则究以此剧为首屈一指，故是夕观人山人海，皆欢喜赞叹。"[①] 香港《大公报》也有评论：

> 以艺论，则喜怒哀乐处处传神，能令观者忽然而喜，忽而悠然以思，忽而穆然以会于剧场之上如亲见故人，出其性情而与之相接；至于舞蹈之际，则端庄婀娜兼而有之，容貌之间则幽闲贞静之气达于面目。[②]

梅兰芳的古装戏改革，在当时引起了广泛的关注。这些剧目塑造了中华民族古典美人的形象，是中华民族优秀精神财富的一部分。梅兰芳在这些剧目的身段、唱腔以及造型等方面的探索，丰富了旦角舞台表演手段，对旦角艺术发展产生了深远意义。

---

① 李仲明. 梅兰芳的梅风兰韵［M］. 北京：东方出版社，2008：143.

② 李仲明. 梅兰芳的梅风兰韵［M］. 北京：东方出版社，2008：145.

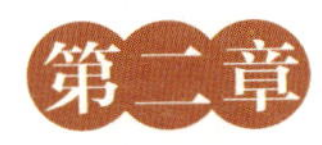

梅兰芳古装戏改革的美学建构

梅兰芳的古装戏改革在充分吸收前辈艺人艺术精华的同时，又有自己独特的发展。梅派艺术的美学规范简言之是中正平和，唱念做打舞完整齐备，一招一式和一字一腔都做到了平衡发展，不刻意突出某一点，遵循程式功法为人物服务，做到了“情理技”三者统一，共同构成了稳定有序的整体。

第一节　圆融之美

在中国传统文化中，“以圆为尚”是一个重要准则。圆作为中国古典美学中的一个重要范畴，是历代美学评判的一个重要标准。

一、唱腔的圆融之美

梅兰芳在古装戏时期的实践中，不断地追寻着圆融的艺术之美，无论是唱腔、身段还是扮相，都突出体现在“圆”上。梅兰芳有一副宽、亮、水、脆的好嗓子，高音有金石之声，低音如涓涓细流，中音又十分宽厚，共鸣和膛音十足，三个音区和谐而又完美地统一在一起，使人听来圆融温润。

例如，梅兰芳通过多年的实践与修改，把《宇宙锋》里“反二黄慢板”的一句唱腔改成了回龙腔，这个回龙腔总体是呈螺旋状向前向上的，声线是不断划圆推进的，每一个圆又有着自己的韵律和节奏。梅兰芳在行腔时，按照欲紧先松、欲高先低、欲刚先柔的原则，使唱腔达到了圆润、酣畅的艺术效果，将京剧唱腔的独特韵味自如地表现出来。

二、身段的圆融之美

梅兰芳在舞台上的圆润风格，不仅体现在唱腔和音乐上，更体现在其平和圆融的身段上。著名戏曲理论家兼导演阿甲曾用“团团转转”概括梅兰芳的舞台表演风格。在 20 世纪 30 年代梅兰芳访苏演出时，苏联戏剧家梅耶荷德敏锐地指出：“我看了梅先生的戏后，觉得中国戏的动作是弧线形的。”无论是《天女散花》里“长绸舞”的蹈动作，还是《霸王别姬》里的下腰以及“南梆子”“我这里出帐外且散愁情”里的小圆场，这个小圆看似随意，实则不然。这种设计能为后面的亮相做铺垫，也能为台下观众创造一个调整心情的间隙，以便迎接下一个精彩时刻，这就是梅兰芳的表演给观众以圆满的艺术享受的体现。著名京昆表演艺术家俞振飞曾这样说：

> 记得有一位喜欢摄影的朋友问我，拍梅先生的剧照，不管从哪个角度，都是一幅美的塑像，这是什么道理？当时，我没有回答出来，经过长期和梅先生同台，我逐渐理解到，这恐怕离不开一个“圆”字，他的唱腔和他的身段动作，都是“圆”的。不仅静止的亮相是“圆”的，他在动作的行进、组合过程中，各部位，都是“圆”的。这也就是他的功力所在。[①]

① 王建新.“圆”——梅兰芳表演艺术谈［J］. 戏剧（中央戏剧学院学报），1994（4）：54.

梅兰芳在演出中很注意用“圆”的身段表演来表现女性的婀娜和袅袅婷婷的美，他能准确地把握女性外形美的曲线。而“圆”的身段，恰恰就是曲线的动态美。梅兰芳在身段设计中，用“圆”的动势润饰了各种程式化的舞台表演。

梅派“圆”化的特点，还体现在舞蹈动作上，梅兰芳注重揣摩人物心理，善于根据戏情戏理设计舞蹈身段。如《嫦娥奔月》的“花镰舞”、《麻姑献寿》的“袖舞”、《西施》的“羽舞”、《天女散花》的“长绸舞”等，无不是梅兰芳在戏曲舞蹈上对“圆”的审美精神的独特阐释。梅兰芳在舞台表演的调度中，也很注重加强“圆”的艺术，借此加强观众的视觉冲击力，这样既给演员留有丰富的表演余地，也增加了观众的审美情趣。京剧前辈艺术家们曾留下这样的经验：“使起身段来，要有圈儿，不论是横圈儿，还是竖圈儿，也不管是整圈儿，还是半圈儿，总是大圈套小圈。身段有圈儿，使出来才好看。”这种不断的“套圈”，其实就是所谓的不断变化的舞台圆形调度，这种表演方式大大丰富和灵活了舞台表演，而梅兰芳在这一点上，不仅能使舞蹈圆化，而且能使表演更加生动和灵活。在对圆的美学理解上，梅兰芳艺术已经大大超过了前人，构成梅派古装戏的独特风格。

第二节　线性艺术与中和之美

中国的戏曲艺术相对于其他国家的戏剧种类，在艺术形式构成方面，有一套独特的艺术符号体系。中国戏曲作为一种综合的艺术形式，无论是在剧情构造还是在舞台表现上，都需要通过各种各样的表现手段和表演技巧来完成，进而形成一个完整的艺术整体。

一、身段动作的线性之美

程式是中国戏曲特有的表现手段，演员把作为戏曲特有符号的水袖、台步、翎子、云手等技术手法，进行艺术化的排列组合，完成对戏剧人物和剧情的演绎。梅兰芳作为“四大名旦”[①]之首，在古装戏艺术的探索上始终走在其他京剧艺人之前，尤其是他的舞台表现出的线性艺术特征。如《木兰从军》中的“趟马”（图 2-1）、《天女散花》中的“长绸舞”等。在《霸王别姬》中，这种线性艺术特征得到了最大化的诠释，梅兰芳所饰演的

图 2-1 梅兰芳《木兰从军》剧照

（采自《梅兰芳表演艺术图影》）

① 指梅兰芳、程砚秋、荀慧生、尚小云，他们是中国京剧旦角行当中四大艺术流派（梅派、程派、荀派、尚派）的创始人。

虞姬，在西皮二六“劝君王饮酒听虞歌”和〔夜深沉〕曲牌的烘托下，边唱边舞，在舞台上展现线条的千变万化。梅兰芳的这段舞剑充分借鉴了中国武术中的太极剑和太极拳的技巧，在表演中，两把剑就是两条线：两条线既可以相交，又可以平行；相交可以有不同的角度，平行也可以对齐平行或相错平行；既可以双剑合并化为一条直线，又可以双手持剑，以身体为中轴，双臂与双剑相交，使整个身体融合其中。舞剑到最后的一个下腰，腰变为曲线，剑仍然是直线，呈现出静态的直线美和动态的曲线美。在《天女散花》中，梅兰芳运用长绸的不断变化，舞出“车轮”等样式，这种动静结合、曲线与直线相济的美给观众以视觉上的最大享受。

二、和谐适度的中和之美

20 世纪初，中国戏曲以其民间化、大众化优势，受到了各个阶层的喜爱，从文人学者到普通市民，人们推捧以梅兰芳为代表的京剧艺术，皆源自心底潜藏的传统美学意识。博大精深的梅派美学风格不是固定地表现在某一出剧目或某一段唱腔中，而是渗透在它的所有代表作中，通过演出过程传达出来。

梅兰芳在古装戏时期，把改革后的传统京剧以全新的面貌呈现在世人面前，其美学风格汲取了无数艺术样式的精华，达到了其他流派难以企及和超越的高度。古装戏时期的剧目处处体现中和之美，这不仅体现在梅兰芳和谐适度地处理自己的演出情感，更体现在他和谐适度地处理了自己在剧中所处物境、情境的关系。中和之美追求的便是这种主客体相契合而形成的意境之美。

梅兰芳在创新过程中成功地将中国传统艺术精髓融于戏曲表演。在古装戏时期，梅兰芳试图把中国女性的古典美巧妙地融入现代审美体系，《西施》中的翎舞、《廉锦枫》（图 2-2）中的刺蚌舞以及《霸王别姬》中的剑舞等，都渗透着一派古典艺术气质。以《霸王别姬》为例，虞姬演唱“二六”

唱腔与〔夜深沉〕曲牌伴奏的舞剑，均是因戏而剑。戏中的大王四面楚歌、没有退路，只有决一死战，虞姬只能强忍悲痛劝解大王。在这段生离死别的情景中，他创出了刚柔相济的歌舞骨风。虞姬唱“二六”是用中板节奏来抒发她对大王的劝解之意，肺腑之言，柔情四溢，圆润的剑姿与唱腔并行，紧接〔夜深沉〕音乐伴奏来烘托严谨的舞剑意境。剑锋挥洒，刚劲四射，撕心裂肺的诀别，凄美独特的创意程式将虞姬此时的心境表现得淋漓尽致。梅兰芳还在《天女散花》一折中创出了“长绸舞”这一灵动的、唯美的表演形式，使观众耳目一新。

图 2-2 梅兰芳《廉锦枫》剧照

纵观古装戏时期，梅兰芳的各个剧目都体现着圆融之美，无论是唱腔还是身段，处处折射出梅兰芳对圆融之美的理解和展示。梅兰芳的创新广泛汲取了多种艺术样式的精华，做到了自己的情感与剧中人及剧目中体现的情境、意境的和谐统一，彰显了中和之美。

第三章 梅兰芳古装戏改革的意义

梅兰芳古装戏改革，不仅对梅派艺术发展具有重要意义，也对中国京剧乃至整个中国戏曲产生了重要影响。

第一节　对梅派艺术的意义

梅兰芳古装戏改革时期，是梅派艺术形成的关键时期，也是梅兰芳在“梅党”文人士大夫的帮助下，形成专属剧目和独特表演风格的重要时期。

1927 年，北京《顺天时报》举办了一次“首届京剧旦角名伶评选”，梅兰芳名列榜首，“梅派”的称誉也正式确立。1930 年访美演出后，梅兰芳的声势如日中天。据看过梅兰芳归国公演的观众描述，梅兰芳无论在嗓音、唱腔，还是在表演、扮相上都达到了顶峰。1931 年，《戏剧月刊》根据当时观众对“四大名旦”的表演艺术分项评分的汇总统计，发表了一份《“四大名旦”评分表》（表 3-1）。

表 3-1 “四大名旦”评分表

流派	扮相	嗓音	表情	身段	唱工	新戏	总计
梅	90	95	100	95	90	95	565
程	80	85	90	85	100	100	540
荀	85	80	90	90	85	100	530
尚	80	90	80	80	90	85	505

从评分表来看，梅兰芳的优势明显，在扮相、嗓音、表情、身段、唱工方面都达到了无可挑剔的地步。梅兰芳深知剧戏之道，明晓发挥自身优势的道理，睿智地将艺术创作的重点放在古装新戏的探索创新上，巧妙地将古典审美与时代潮流相结合，使之达到了前所未有的高度，对梅派艺术的确立发挥着至关重要的作用。

梅兰芳对旦角化妆和服饰的改革，以及设计的各种舞蹈动作，充实了“花衫”这一全新的行当。在旦角化妆方面，经过梅兰芳改革后的旦角化妆，较前期有了很大的改观，尤其是梅兰芳在古装戏改革时期设计的古装头配以古代传统服饰，取得了巨大成功，被京剧其他流派乃至各地方剧种沿用至今。梅兰芳在《漫谈运用戏曲资料与培养下一代》一文中曾提及自己服饰、化妆方面的演变。他说道：

> 从不同时期的照片中，还可以了解化妆、服装的演变。由于六十年来舞台光线由暗到亮，旦角的化妆、发髻、服装、图案、式样……对“美”的要求就比其他角色更为贴切，我在这方面也下了不少功夫，拿我各个时期所照的《金山寺》中的白娘子的照片来看，从头上的大额子改为软额子、片子的贴法、眼窝的画法……就不难看出这种变化。关于水袖的演变：看老照片似乎太短，不甚美观，而我的古装戏照片就放长了，成为风气。①

① 梅兰芳. 漫谈运用戏曲资料与培养下一代［M］// 中国戏剧家协会. 梅兰芳文集. 北京：中国戏剧出版社，1962：165.

梅兰芳在继承传统的基础上不断改革，以适应舞台表演和观众审美的需要。如在京剧旦角伴奏方面，梅兰芳在伴奏中加入京二胡，被其他旦角流派的伴奏所借鉴并沿用至今。梅兰芳在古装戏改革时期所创演的一些剧目，也被一些地方戏剧种所移植，这不仅从客观上促进了梅派古装戏的流传，也对中国戏曲的发展有重要的推动作用。

第二节　“移步不换形”的启示

随着时代的发展，如何继承和发扬京剧艺术，成为每个京剧从业者必须思考和面对的问题。梅兰芳的古装戏革新是在保留京剧传统的基础上进行的创新，体现了他“移步不换形”的京剧改革观点。“移步不换形”首先肯定的是“移步”，而“移步”的本质就是改革和创新，京剧要发展，就必然要走革新这条道路，停在原点只能被历史的潮流淹没。

一、梅兰芳对“移步不换形”的诠释

中国传统文化是历史的沉淀，积聚着一定历史时期的文化精粹。我们并不是要原封不动地继承传统，而是要取其精华去其糟粕，不断修改和革新，使其达到更高的艺术境界。对于京剧唱腔的改革，梅兰芳曾说：“创造唱腔，应不拘一格，但以清新大方、不落窠臼为宜。”梅兰芳主张对艺术严肃认真，坚持锐意创新，但是反对蛮干。他反对对唱腔进行杂乱无章的改革，主张改革要符合“章法”，做到“移步不换形”。

京剧作为一种文化遗产，主要包括两方面内容：一方面是京剧特有的规范和严格的程式，集中体现了中国传统的美学精神；另一方面是京剧艺术融合了多种艺术样式，是一种综合的舞台表现形式。这两方面综合起来

组成了京剧的“形”。梅兰芳在早期的时装现代戏时期就曾说过：

> 现代戏不同于老戏是因为所演的是现代的人和事，演好现代戏要熟悉各类人物的情感、思想和生活中的一举一动，加以提炼，才能创造表现现代生活的新的京剧样式，也只有这样才能保证京剧现代戏也姓“京”的这个“形”不变。[①]

二、“移步不换形”在《大唐贵妃》中的体现

京剧的发展要适应观众的需要，观众是市场的主体。梅兰芳的古装戏改革也是为了适应观众审美的变化。梅兰芳认为演员是永远离不开观众的，观众的需要，随时代而变化。演员在戏剧上的改革，一定要配合观众的需要，否则就是闭门造车。但是这种为适应观众进行的改革，并不意味着要放弃京剧的本体去迎合观众的低级趣味和趋附庸俗的时代潮流。比如在古装戏时期，梅兰芳在新编戏中虽然使用布景，但是他坚持布景的采用要以不破坏京剧的写意性为原则，不能限制了演员的表演动作，要为剧目服务。他说：“用布景不是完全不好，要和表演特点做到调和。”创排于2003年的大型交响京剧《大唐贵妃》(图3-1)是梅葆玖主持的创作，他继承了父亲梅兰芳的观点。正是在保留京剧传统的基础上，利用宏伟的布景和辉煌的灯光，展示了大唐盛世和梨园胜景。在唱腔和伴奏上，导演找到了京剧和西洋大歌剧的结合点，以一个整齐建制的交响乐团来伴奏一整出京剧传统戏。梅葆玖在评价这出戏时说：

> “旧中见新，新中有根”，这是《大唐贵妃》倡导者为此番创新工

① 梅兰芳. 移步不换形［M］. 天津：百花文艺出版社，2000：320.

程制定的原则。这同先父生前所一贯主张的“移步不换形”可谓异曲同工。新世纪的京剧既要与时俱进，又不能脱离传统成为无本之木。传统不可离，却又不可“泥”。我认为对于世界上各种新的文化信息、好的艺术样式，我们不能视而不见、听而不闻，只要它们能为京剧增光添彩，就可以拿来我用。“拿来”不是照搬，而须与京剧本体有机结合，从而既让老观众耳顺，又让青年人通过这种形式，能够了解京剧、欣赏京剧，逐渐深入堂奥。①

图 3-1 《大唐贵妃》剧照

“移步不换形”的改革模式是梅兰芳取得成功的关键。梅兰芳一直提倡后人的改造和创作，要先汲取前辈的艺术精粹，结合自己的功夫和经验，

① 梅葆玖. 300 名演员共演《大唐贵妃》圆了梅先生梦想［N］. 人民日报，2003-04-16（9）.

循序渐进展开革新，这才是京剧改革的一条康庄大道。在汲取古典艺术精髓的同时走出一条京剧创新的道路，是梅兰芳取得成功的基石。在当今的文化语境下，如何继承和发扬京剧艺术？梅兰芳古装戏改革的思想，值得当今京剧从业者借鉴和学习。

第四章

梅兰芳剧目艺术论

梅兰芳一生演出过多少个剧目，扮演过多少个角色，恐怕没人能准确地说出来。将梅兰芳演出过的不胜枚举的剧目，按照一定的规则进行归类，并找出其中的翘楚之作，应当也是一件不容易的事情，主要因为这种规则难以准确地制定。比如，经常可以想到的分类方法：按题材（传统戏、时装戏、新编历史戏）划分，虽然不少时装戏属于梅兰芳的创新，但这些剧目往往并不是展现梅兰芳精湛艺术水准的代表作，这样分类显然不合适；按所饰角色所属行当划分，梅兰芳饰演过的角色所属行当有青衣、花旦、刀马旦、闺门旦、花衫等，这样分类也有不妥，主要是因为在这样的规则之下，一些被筛选出来的剧目不一定就是梅兰芳长时间演出的剧目，也就不可能是梅派的代表剧目；按梅兰芳艺术生涯的时间段划分也有不妥，如《宇宙锋》是梅兰芳从青年起就一直演出的剧目，而且常演常新，而这样的剧目，竟是占大多数的……

相比之下，还是以梅派剧目中所体现的梅派艺术造诣为准绳进行划分（如大家公认的代表作“梅八出”）比较准确。“梅八出”是指七出京剧——《霸王别姬》（饰演虞姬）、《贵妃醉酒》（饰演杨玉环）、《宇宙锋》（饰演赵艳容）、《凤还巢》（饰演程雪娥）、《生死恨》（饰演韩玉娘）、《抗金兵》（饰演梁红玉）、《穆桂英挂帅》（饰演穆桂英）和一出昆曲——《牡丹亭·游园惊梦》(饰演杜丽娘)。

这八出戏是梅兰芳的代表作，最为观众称道，也是后人最多传习之作。

第一节　以“醉”为美的《贵妃醉酒》

《贵妃醉酒》这出戏，早在乾隆年间就有。最初，这出戏更多地表现了杨玉环在醉酒状态下的妩媚妖娆，做工花哨，曾经被认为是一出“粉戏”。但是，梅兰芳看到了这出戏对意境的“要求”，剧情简单，淡淡着笔，用意却深刻得很，给表演留下了充足的时间和空间。梅兰芳最初修改、搬演这出戏是有风险的，因为这出戏要表现杨玉环的醉态，且一直以“载歌载舞”的表演为特点，所以一不小心就容易做过头，容易把杨玉环演绎成一个醉眼迷离、忸怩作态的怨妇、荡妇，那就完全失败了。对此，梅兰芳有自己的创意想法，他准确把握表演尺度，精细加工，终使这出戏成为体现梅派艺术做工戏精髓的代表剧目。

《贵妃醉酒》这出戏是梅派演员必须掌握的剧目。青年梅派演员可以在掌握了扎实的基本功，并对梅派艺术核心特征有了一定的把握后，将此剧作为向梅派艺术更进一步发展的剧目。梅派后学者通过反复习演、体会这出戏，可以更深刻地理解梅派艺术唯美的艺术追求，理解梅派技艺的应用及其意境创造的分寸感。

一、做工戏的讲究，在于分寸的拿捏

意境美的创造是中国传统的文学和艺术的核心范畴。虽有“有意境者固然高，无意境者未必低”之说(袁行霈语)，但意境美的追求，总还是戏曲最主要、最常见的审美追求。戏曲创造意境的手段是程式化的表演，在

《贵妃醉酒》中，梅兰芳巧用程式化的身段，无一个动作没有生活和情态根据，向人们展示了杨玉环外形上的青春美貌、情感上的高贵骄傲，以及内心的脆弱痛苦。这样复杂的人物在舞台上的呈现不仅让观众觉得真实，而且比真实更加生动，达到这样的效果主要是依靠梅派艺术对做工戏的分寸的把握。

《贵妃醉酒》中杨玉环出场后的“四平调”唱腔是这出戏最重要的唱段之一。中间插着四句诗表名，并交代前情。前几句是皓月当空，夜色多美好的咏叹，还自比“奴似嫦娥离月宫”，将杨玉环的青春美貌和此时骄傲、愉悦的情绪，以及充满期待的心理状态，表现得淋漓尽致。

戏曲的环境意象创造最常用的方法是“景由口出”，配合形体动作。这段唱腔描述了杨玉环走向百花亭的过程，途中的所见景物，都别有喻义，唱词提及的玉石桥、鸳鸯、金色鲤鱼、鸿雁、百花亭，均通过尺度得当的形体动作配合唱腔展现在观众眼前。美好的夜色，所见的景物，都暗合着杨玉环此时的心情，形体动作显得雍容华贵、端庄沉稳。含蓄的唱词充满着言外之意，再配上并不张扬的身段表达人物此时的心情，端庄妩媚的贵妃形象就已经立住了。而这一切也为后面因唐明皇爽约而造成杨玉环的心情失落埋下了伏笔。

当高、裴两个太监奏道：皇上“驾转西宫”的时候，杨玉环马上展现出吃惊、意外的神情，背供暗自道：“啊呀且住，昨日圣上传旨，命我今日在百花亭摆宴，为何驾转西宫去了……且自由他。”这一段念白，也有层次的分别。昨天讲好，今日在百花亭摆宴，二人饮酒欢乐，此时却“驾转西宫”，杨玉环内心当然是非常不悦。但是，杨玉环毕竟有着不同平凡的身份——贵妃，内敛的性格、高贵的气质和素养，使她绝对不能让身边的太监、宫女看到自己的内心。但如果只是轻甩水袖，仅是一句“且自由他”，又不足以将此时杨玉环的情绪表达充分，所以紧接着又有了下面的道白：“想当初…… 万岁是何等的待你，何等的爱你，到如今你（指唐明皇）一旦无情明夸暗弃……”，这种自我安慰将对唐明皇的埋怨表达了出来。又跟上几句：“去也，去也，回宫去也。恼恨李三郎，竟自把奴撇，撇得奴挨长夜，只落得冷清清回宫去也。”这几句充分表现了杨玉环此时空虚、恼恨心情下的意兴阑珊，同时又很好地把握了分寸，适可而止。

如果我们换一种演法：杨玉环听到唐明皇“驾转西宫”，先是完全失望，唉声叹气，而后怒气冲冲，恼恨、埋怨、数落，而后一顿狂饮…… 那还是端庄美丽、表面强颜欢笑、内心孤独失落的杨玉环吗？

梅派的表演多数是以唱工为主，由唱腔配合做工完成意境的构建。《贵妃醉酒》这出戏是做工大于唱工，由做工配合道白完成对意境的构建，即完成所谓“超越台词走”，以得到“象外之象，言外之旨”。

二、特殊程式化的表演，更显尺度得当

《贵妃醉酒》中的形体动作是不是都是经典程式化的动作，时常有讨论。其中，最重要的两个动作是“含杯”和“杨玉环与太监、宫女一起，向左、向右倾倒”。

首先要讨论这两个动作的必要性和恰当性。

杨玉环听到“驾转西宫”的消息后的饮酒肯定有“借酒消愁”的意味。失意、委屈，内心的愁苦难以名状，又不能畅快发泄，不觉饮酒已经过量。此时的表演，既要表现出杨玉环的满腹心事，又要恰当地表现这位已是“醉美人”的贵妃的妩媚。简单分解一下“含杯”这个动作：弯腰，将酒杯含住，一个缓慢的鹞子翻身，杯中酒一饮而尽，这是一个舞蹈意味很强的动作，可以理解为杨玉环酒意渐浓以后的身段动作，即一个喝多了酒的人，举动失常，也是常有的事。

但这个动作的尺度的把握是否过大了呢？不是。这个动作是杨玉环连续饮酒，露出醉态时候的动作，此时如果动作中规中矩，那才真是“端得

太过了”。类似这样的表演，其实也很常见，比如在《小宴》(《吕布戏貂蝉》) 中，吕布醉酒之后，耍翎子调戏貂蝉的表演，不正是表现酒后快意，举动失常吗？

还有一个动作：高、裴二人看出杨玉环内心的愁苦，而且饮酒已经过量，二人自作聪明地说唐明皇来到百花亭，杨玉环急忙站起，准备跪地接驾。此时的杨玉环已经醉意渐浓，身体开始晃动，这样的情况，观众是完全相信，也完全可以理解的。但如果就表演杨玉环因醉酒东倒西歪，甚至跌倒在地，就没有美感了。梅兰芳的表演大约是这样的：头微微晃动，身体的摇摆轻而匀，体现出一定的头重脚轻的感觉，既醉意明显，又不失妩媚，分寸把握得实在是好。而这时太监和众宫女上来搀扶贵妃，也是合情合理的。如果是普通人，大家合力把她扶住并不是难事，但贵妃的身体，岂是太监、宫女随便可以触碰的，更不可以大力推挤。大家只能是在保证贵妃不跌倒的前提下，力度合适地给予支撑帮扶。在这样的情况下，贵妃向左倾倒，大家就一起倒向左边，贵妃向右倾倒，大家就一起倒向右边。整个表演合情合理，又唯美真实。

还有一种说法，认为这两个动作舞蹈性太强，已经不是“正宗”的戏曲程式化的动作。其实也不然。戏曲程式化的动作，除了从现实生活中提炼而成这个特征，还可以“一式多能”“一种程式，万千性格”，只要在合适的情境之下，在其他的剧目或者片段中可以“拿来就用”。鹞子翻身再慢，也是程式化的动作鹞子翻身，只是还要口含酒杯，这样的情境实在少见，所以少有化用；相互搀扶，一齐倾倒，也是表现醉酒的常用程式化的动作，虽然这次并列站在一起的人数多了一些，但这个程式化的动作还是在京剧现代戏《龙江颂》当中化用过。

在学演梅派代表剧目《贵妃醉酒》的过程中，常见的情况是：老师反复地说，学生不断地改，常演常改，其实在这个过程中，改的就是学生对尺度的把握。这个做工大于唱工的梅派代表剧目，动作的尺度把握和拿捏实在“吃功”，一不小心，就走向了表演意图的反面。但这个戏也真的是可以让梅派传人“开窍”的戏。

第二节 “剑舞流芳”的《霸王别姬》

梅兰芳创立的梅派艺术体系是京剧旦行中影响极其深远的流派。梅兰芳被称为“四大名旦”之首，其所创立的梅派亦被称为“四大流派”之首。

人们惯于用“雍容华贵”来形容梅派的表演风格，用“珠圆玉润”来形容其演唱意境，其实这都不足以展现梅派美学特征。因为梅派巧妙地汲取和融合了其他艺术门类的精华，达到了其他流派难以企及和超越的高度。

从某种意义上说，梅派艺术的表演风格在以京剧为代表的地方戏中，最接近我国传统美学的至高境界——天人合一。这是因为它大方自然、平易近人、雅俗共赏，平稳之中蕴藏着深厚的功力，简洁之中包含着丰富的感情。

戏剧界习惯将世界表演理论分为“三大体系”，梅兰芳艺术表演体系位列其一。当代戏剧批评家廖奔指出：“而事实上这里的‘梅兰芳体系概念’已经被偷换成了‘中国戏曲体系’的内涵。这样才能得出它是‘综合性’的特征定性。”[①] 为什么将梅派推举为世界表演体系并如此深入人心，甚至引发当代戏迷的追捧？这说明梅派的表演风格已深深融入一个民族的艺术血脉，其崇高的艺术手法获得了人们的高度认可。

戏曲流派的形成在刘心化的论述中有两条是值得注意的：“……要有不同于别的流派的，自己独特的表演风格；第三，要有带有自己表演艺术的

---

① 廖奔. 廖奔戏剧时评［M］. 开封：河南大学出版社，2002：24.

独有的一批剧目，即便是传统戏也要有自己的特点……”[①] 由此可见，博大精深的梅派美学风格不会固定地表现在某一出剧目或某一段唱腔中，而是渗透在它的所有代表作中，并通过表演传达出来。而作为“梅八出”之一的《霸王别姬》可以将梅派之美表达得淋漓尽致。其唱腔、身段、舞剑都表现了梅派哀而不伤、怨而不怒、从心所欲、天人合一的美学意境。

一、中和之美，恰到好处

中和之美属于与崇高相对应的审美范畴，突出了审美过程中主体与客体、人与自然、感性与理性及各种形式美因素的协调统一，给人以愉悦、轻松的审美快感。中和之美是处于优美与壮美两极之间刚柔相济的综合美。其意蕴刚柔兼备、情感力度适中，杂多或对立的审美因素和谐统一，具有含蓄、典雅、静穆等特征。

剧中人物虞姬秉承了中国传统美学追求，端庄娴雅，善解人意，爱憎分明，是坚贞不屈的女子。“天将烈女配英雄，意气相投见始终。”虞姬的死不是走投无路，不是无可奈何，只是一份决绝和淡然，是为了让自己心爱的人少一分拖累、少一份牵挂。她带着她的牵挂、她的希望，带着对他的爱，就这样诀别了，一个没有大志与胸襟的女子是无法做到这一点的。

〔夜深沉〕是《霸王别姬》中的精华，对表演的要求非常高，表演者需要将虞姬复杂的内心情感与自身优美的舞姿完美结合。舞剑不能快、不能急，要把人物复杂的情感恰当地表现出来。霸王被困垓下，四面楚歌，大势已去，面对霸业即将崩溃的残酷现实，唯有冲出重围，才能东山再起。柔弱的虞姬不想拖累霸王，只有以死相随。舞剑是虞姬与霸王做最后的诀别。

---

① 刘心化. 戏迷陶醉录［M］. 北京：同心出版社，2006：55 .

“劝君王饮酒听虞歌，解君忧闷舞婆娑。嬴秦无道把山河破，英雄四路起干戈。宽心饮酒宝帐坐。”这段运用“二六”的唱腔，随着音乐旋律的推进，虞姬的心情跌宕起伏，万般惆怅，每一句唱词都饱含着人物内心复杂的情感：爱、恨、惜别、无奈、淡然。有的是深情，有的是眷恋，有的是不舍，掩盖的是虞姬悲恸欲绝、只身赴死的壮烈心境。舞剑的姿态把虞姬内心的万般情感淋漓尽致地表现出来，她的心情是悲切的。所以表演者不仅要表现虞姬对霸王的爱与不舍，还要流露出虞姬对霸王突出重围、东山再起的期盼。虞姬在舞剑时的身段是柔美妩媚的，剑的一收一放都是决绝的，舞出的是虞姬柔中带刚的综合美——优美、凄美、壮美。

二、线形艺术，雕塑之美

中国戏曲这一独特的艺术符号体系的特质就是一种“线”的艺术。“这种‘线的艺术’乃是理性抽象之物。”这种线性艺术规范的感性认识，其实就是一种理性抽象的产物。

中国传统艺术的线性特点深深地融入在京剧中。《霸王别姬》中有一段虞姬边唱边舞双剑的段落，最能体现舞台上线条千变万化的造型。它的设计既有梅兰芳自己的创新，又借鉴了中国武术中的太极剑和太极拳的技巧，轻灵柔和、美观大方、重意不重力，同时还要表现出优美潇洒、剑法清楚、形神兼备，内外合一的风格。在表演中，两把剑就是两条线：两条线既可以相交，又可以平行。在表演中，既有静止的亮相时的线条造型，也有动态的运动过程的线条造型。例如，虞姬单手持双剑背在身后，另一手伸出两指，化用太极拳中的搂膝拗步，掌心向上从胸前划圈至身后，然后将力道贯于双指，发力向前方点去。这一身段，双指和手臂与在背后的双剑相交，不是用剑而是用虞姬的双指，不是婀娜柔美的身段，而是一个直线运动。这个一点的动作，在双剑的衬托下点得果断干净、点得刚劲挺拔、点得义无反顾，把虞姬为霸王宽心解闷，鼓励霸王拾起雄心重整旗鼓再战沙场的心情和用意表达得非常清晰且极富感染力。其表演让我们感受到只要遵循线性的艺术规范，根据剧情的发展和人物的身份、性格、情绪合理地使用组合线性的表现程式，就能够达到比较完美的艺术效果。

三、刚柔并济，圆融之道

圆融之道指的是刚柔并济、灵活应对。“以圆为尚”是中国传统文化理想中的准则。圆作为中国古典美学的一个重要范畴，是历代文论的一个重要标准，作为京剧也不例外，而梅氏在艺术实践的过程中不断追寻着美，要求着圆。

梅兰芳演唱艺术的风格可谓达到了生活的真与艺术的美的高度统一。梅派不及程派之幽咽冷艳，却浑然天成地表达人物内心之幽怨；不及荀派之俏丽活泼，却能生动地刻画人物一颦一笑的悲喜之情；不及尚派刚健挺拔，却自有一番女性风流妩媚。梅派的发声具备了气沉丹田、上下贯通的特点，音色甜美，外形美观，符合了梅派人物雍容华贵、端庄娴雅的声音形象。梅兰芳嗓音脆、亮、甜、润、宽、圆俱备，而最难得的是又甜又亮。基于此，梅兰芳结合剧中人物情感和剧目内容的需要创作了大量独具梅派特色的唱腔。

在《霸王别姬》的“南梆子”“看大王在帐中和衣睡稳”一段中，虞姬午夜小睡醒来，见帐外景色清凉，想到项羽的艰难处境，顿时满心忧愁，于是起身去帐外散心。这时，舞台上的虞姬边唱边行，唱到“我这里出帐外”时，虞姬深吸一口气，而后“且散愁情”中的“散”“愁”两个字使用高音，并同时走一个小圆场然后转身，此时唱腔过渡到“情”字，在“情”字上用了三个连环式的装饰音，然后在抓披风亮相的一刹那，唱出“情”字的最后一个装饰音，此时，这一句唱腔与身段完整结束。

在这期间我们可以看到，在唱腔上，每一个字都讲究“枣核形”的字头、字腹、字尾的分段式咬字，过渡极其自然。“情”字是整个唱段感情抒发的宣泄点，在这个字上使用回环的装饰音来表达虞姬此时的无限忧愁与惆怅，体现了一种刚柔相济的综合美。在身段上，转身抓披风亮相的一刹那是整个唱腔身段的核心，而在此之前，“虞姬”是通过走一个小圆场来进行过渡处理的。这个圆场的处理看似随意，可就是这个“随意”给了亮相以充分的准备和酝酿。而此时台下的观众也是处于审美最兴奋的前一刻，这同样也是让观众的审美情绪得到一个间歇的休息与调整。只有这样，才能在最精彩的那一刻来临时，使演员与观众、剧中人与旁观者同时得到艺术的洗礼，同时感受到艺术美感的冲击。因为演员内在心理与外在情绪的圆融，所以观众看后由衷地生发出一种圆满的感觉。由此可以看出，梅派在京剧舞台上的圆是内在与外在的完美结合，让人体味到京剧梅派艺术圆融的意境。

从《霸王别姬》中，我们能感觉到梅兰芳在戏曲表演中融入了自己的创新，这种表演形式的转变是在日积月累中慢慢蜕变而成的，滴水能把石穿透，万事功到自然成。确切来讲，梅兰芳使《霸王别姬》不仅与传统审美心理相合，也与当代审美变化相合。

第三节　“新不离本”《嫦娥奔月》的舞台重构

《嫦娥奔月》是梅兰芳创排于1915年的古装新戏，是梅兰芳放弃时装新戏排演回归古典审美传统的第一部作品。嫦娥是神话人物，为了更好地将其搬演到京剧舞台上，梅兰芳参照古代绘画上嫦娥的形象，根据剧情设计出了“花镰舞”和“袖舞”，赋予嫦娥典雅脱俗的艺术面貌。该剧演出后较少登上舞台，成为一出濒临失传的梅派剧目，北京京剧院以守正创新的思路予以复排，对我们拓展、传承和发展梅派艺术具有启示意义。

梅兰芳一生创排了数十部新编剧目，对古装新戏、时装新戏以及传统剧目的现代诠释做出了重要的探索，所积累的剧目资源为梅派艺术的传承与发展提供了重要基础。20世纪是一个倡导变革的时代，中西方不同政治思想与文艺观念的相互碰撞与博弈，深刻地影响着京剧艺术的发展，梅兰芳的艺术道路便鲜明体现了这一特征。随着历史的淘洗和沉淀，至今在舞台上演出的梅派剧目，主要以《霸王别姬》《贵妃醉酒》《宇宙锋》《凤还巢》《生死恨》《游园惊梦》《抗金兵》《穆桂英挂帅》等八出为观众所熟知。还有一些梅派剧目，如梅兰芳的“红楼戏”、《西施》《太真外传》等，也依然活跃在京剧舞台上，其艺术特征也得到了很好的保存和传承。但仍有少量剧目处于失传的状态，如古装新戏《嫦娥奔月》《上元夫人》等、时装新戏《孽海波澜》《宦海潮》《邓霞姑》《一缕麻》《童女斩蛇》等，皆因为各种因素未能在舞台上得到传承与发展。对于时装新戏的态度，梅兰芳的观点比较明确，他在《对京剧表演艺术的一点体会》一文中指出：“京剧是否适宜表演现代生活的问题，却还是值得更慎重地加以研究的。我曾经演过五六个时装戏，最末一个是《童女斩蛇》，以后就只向历史歌舞剧发展，不非演时装戏了。这是由于我感觉到，京剧表演现代生活，究竟有很大的限制。”[①] 正是秉持这一艺术观点，他果断地停止了对时装新戏的探索，这些剧目自然也就尘封于历史中，至今鲜有在舞台上搬演。但对于在舞台上失传的古装新戏，笔者认为仍有必要在舞台上予以复现，这对我们拓展、传承和发展梅派艺术是具有启示意义的，《嫦娥奔月》复排的价值启示正在于此。

为欢庆中秋佳节，梅兰芳于1915年开始创排《嫦娥奔月》这部古装新戏。该戏先由齐如山草拟提纲，后由李释戡编写剧本，历时两个多月的准

---

① 傅谨. 梅兰芳全集：第1卷［M］. 北京：北京出版社，中国戏剧出版社，2016：290.

备，终于在同年秋季在吉祥戏院演出。该剧演出之后，梅兰芳的演出逐渐减少，尤其在 1949 年后，梅兰芳淡出了戏剧舞台。2021 年，北京京剧院响应国家守正创新整编剧目的号召，重新将该戏搬上了戏曲舞台。该戏兼具京剧的古典神韵美与当代戏曲的品质美，它重新亮相展现出焕然一新的面貌，受到了广大观众的欢迎与关注。

一、立足《嫦娥奔月》历史原貌，进行“新不离本”的创新

梅兰芳凭借对传统戏曲的热爱，以饱满的艺术创作精神，编演了《嫦娥奔月》。这是梅兰芳在进行时装新戏的尝试之后，回归古典审美的第一部作品。《嫦娥奔月》的故事在民间流传已久，但戏曲舞台上并没有嫦娥的具体舞台形象可供参考。为了塑造好嫦娥形象，梅兰芳亲自查阅历史资料，阅览古代绘画中的嫦娥及仙女形象，从中汲取灵感，根据古代绘画中的女子装束来探索嫦娥的基本形象，再结合戏曲的舞台审美来进行戏曲服装的设计与完善。最终确定了京剧舞台上身着淡红色软绸对胸短袄，下系白色软绸长裙的嫦娥，并辅之以“花镰舞”和“袖舞”来进一步表现嫦娥的脱俗形象。

但是，梅兰芳的创新尝试，在当时引发了戏剧界的讨论。其中观众群中的守旧派批评道：“嫦娥花镰，抡如虹霓之枪；虞姬宝剑，舞同叔宝之锏。”意指梅兰芳在新戏中化用老戏里的身段，没有让人耳目一新的创见。对此，梅兰芳并不否认，而是提出了自己的见解：“艺术的本身，不会永远站着不动，总是像后浪推着前浪似的一个劲儿往前赶的，不过后人的改造和创作，都应该先吸取前辈留给我们的艺术精粹，再配合自己的功夫和经验，循序进展，这才是艺术改革的一条康庄大道。如果只是靠自己的一点小聪明劲，没有什么根据，凭空臆造，原意是想改善，结果恐怕反而离

开了艺术。”[①] 这段论述表明了梅兰芳的观点，对于今天仍有启示意义。京剧创新的基础是“守正”，所以新戏与旧戏在动作运用上并不存在对立关系，恰恰相反，好的艺术家能化旧为新，能在新剧目中抓住舞台艺术表演的精华，并能将文本故事与人物动作加以融合设计，赋予其新的面貌，这才是正确的实践路径。事实上，京剧演员只有遵循这一思路，才能将自己多年积累的舞台演出经验与新编创的戏曲文本相融合，才能推动京剧剧目的“守正创新”式演出。北京京剧院复排《嫦娥奔月》就是继承并尊重了梅兰芳的这种艺术创作精神，体现出梅派艺术在当代的传承精神。为了保证演出的品质，北京京剧院邀请了著名梅派表演艺术家杜近芳担任艺术顾问，并聚集了当代京剧舞台上的名家坐镇策划，由京剧名家阎桂祥、朱强担任艺术指导，戏曲音乐家朱绍玉担任作曲和唱腔设计，导演这一重要位置则由出身梨园世家的著名戏曲导演、中国戏曲微电影网导演/总编辑梁汉森担任，全面负责全剧的舞台呈现和风格把控。该剧也为年青一代戏曲人提供了施展才华的机会，编剧由国家京剧院创作和研究中心副主任张正贵、青年编剧陆蕾担任，主演由优秀青年演员刘烁宇、马博通出任。制作团队聚集了老、中、青三代艺术家，以“传帮带”的形式引导和教习演职团队新编京剧《嫦娥奔月》在长安大戏院演出后，大放异彩，获得观众的广泛认可。

梅兰芳塑造的嫦娥在出场之时念了两句定场诗，“醉中偷吃仙灵药，不觉身轻似燕飞。”在下场之时，则念了“当年应悔偷灵药，碧海青天夜夜心。”梅兰芳所演的嫦娥接近于《淮南子》和《搜神记》中所塑造的人物形象，“羿请不死之药于西王母，嫦娥窃之以奔月”，即嫦娥是在偷吃了丈夫仙药之后，遭到丈夫追赶、索要，而逃遁入月宫。时至今日，嫦娥的形象及其在人们心中的地位也发生了变化，人们普遍将嫦娥与美好的寓意相关

① 梅兰芳. 梅兰芳回忆录［M］. 北京：团结出版社，2006：264.

联。如何在舞台上塑造一个既符合时代审美又兼具古典神韵的剧目主人公嫦娥，是北京京剧院复排该剧时着力思考的问题。怎样才能在传承和化用梅兰芳塑造嫦娥的遗产基础上，更好地将不光彩的嫦娥形象转化为人们心中清冷出尘的月宫仙子？如何将负心女子，转化为寄寓美好团圆意蕴的嫦娥仙子呢？《嫦娥奔月》的创作人员意识到这一点，嫦娥之美不应只停留在舞台的外在形象之上，更应该探索其内在的心灵美，只有内与外相结合塑造的嫦娥才能有打动人心的力量。与此同时，后羿作为为人间带来祥和的英雄，也不能是儿女私情的薄情郎形象，而是要展现出他为民舍身的英雄气魄。基于此，改编的《嫦娥奔月》在京剧舞台上重新演绎了这个古老的故事，将儿女私情的负心故事改成了家国恩情两难全的凄美爱情故事，使嫦娥和后羿更具闪光的人格魅力。在剧情设定上，嫦娥与后羿本是恩爱夫妻，后羿因射日有功获得仙药。但是，嫦娥与后羿遭逢蒙陷害，情急之下，嫦娥为了不使仙药落入恶人之手，顾不得多想便一口吞下了它。谁知竟举身升空，从此与后羿身隔两界。

此外，剧目还将剧情与当下时事相结合，剧中描写了嫦娥与后羿二人大爱胜过私情，他们心系百姓瘟疫，同心抗疫，谱写了一段博爱、向善的赞歌，引起观众共鸣。

二、用现代舞台审美形态与精神赋予古本新意

梅兰芳一生创排了大量剧目，这些丰富的剧目贯穿于梅兰芳的艺术生涯。他将自己对艺术的探索和革新，灌注于一系列古装戏和时装戏的创排中。因此这些剧目充满了梅派艺术特色，有些戏经历了时间的淘洗，成为活跃在京剧舞台上的梅派精华戏。新时代排演梅派剧目需要精深的戏曲功底和创新的艺术眼光，不仅需要学术界开展梅派艺术的理论研究以加深大众对梅派的理解，也需要演员们在舞台上演绎符合时代需求和观众心声的

剧目，为观众呈现梅派艺术之美。

《嫦娥奔月》在历史上昙花一现，所留下来的可供参考的资料只有剧本、两段唱腔和部分剧照而已。北京京剧院在历史留存资料的基础上革故鼎新，为在当代恢复梅派失传剧目做出了表率。剧组遵循梅兰芳提出的“移步不换形”的观念，以现有的历史资料为基础，进行了守正创新的编排，使人物的古装扮相、唱腔设计、舞美设计呈现出“新不离本”的美学归旨。出身梨园世家的梁汉森先生在京剧表演、戏曲舞台导演和戏曲影视导演方面都有建树，他锐意革新，在剧目创排方面具有卓越的艺术眼光。他作为复排《嫦娥奔月》的导演，将京剧舞台调度与影视语汇结合，将京剧动作的程式性与舞美的虚拟性相融合，在亦真亦幻的舞台空间中，发挥演员的圆场、卧鱼、跪磋以及推磨、抢药、升腾飞天等动作技巧，让观众更直接地感受到京剧表演的诗化之美。

梅兰芳在创编和改编剧目时，将其艺术天分发挥得淋漓尽致，几乎在每出新编剧目中都量身定制了舞蹈动作，可谓“一戏一格”。例如《霸王别姬》中的“剑舞”、《天女散花》中的“长绸舞”、《洛神》中的“拂尘舞”等都是在剧目中起到点睛作用的舞蹈。北京京剧院复排的《嫦娥奔月》除了继承“花镰舞”与“袖舞”，还恢复或创排了“花镰舞”“画眉序”“月饼舞”三段风格各异的梅派舞蹈。这些舞蹈表演让嫦娥的仙娥之姿更为动人。例如“花镰舞”重在参考照片资料基础上还原“嫦娥”的丽容，“画眉序”则是一段新编的群舞，使用特殊的舞美装置呈现嫦娥在天宫“新花艳舞衣”的惊艳之美。当然，剧组也注重从人的角度来展示嫦娥的情感，因此尾声处的“月饼舞”取花好月圆之意，营造了天上与人间的和美意蕴，强化了神话剧的浪漫氛围和神秘色彩，达到了情中寓美的旨归。

舞台表演艺术除了讲究戏曲的动作之美，唱腔之美也是重头戏。《嫦娥奔月》剧组以“守正创新”为原则，保留了梅兰芳的原有唱腔，同时植入了昆曲元素，凸显了梅派艺术的京昆特色，更好地做到了雅俗共赏。原剧中结尾处唱“南梆子”，“碧玉阶前莲步移，水晶帘下看端的。人间夫妻多和美，鲜瓜觧酒庆佳期”。这段唱词点名了剧目主旨，新编之时予以保留并加以丰富，后续新编了“月饼歌”来收尾，烘托了百姓对美好生活的憧憬和向往，点明了本剧借助神话题材颂赞当下生活的立意。

新编《嫦娥奔月》台风简洁大气，在舞美上规避了现代舞美与京剧表演可能产生矛盾的困境，恰到好处地平衡了虚与实的关系，显得颇为写意与传神。剧组人员利用纱幕、干冰与灯光，在舞台上呈现出月亮之形、桂树之影，展现了“皎如飞镜临丹阙，绿烟灭尽清辉发”的月宫景象。该剧展现的戏曲空灵之美与演员的表演形成呼应，使全剧呈现出别具一格的写意之美。

其实，在北京京剧院排演之前（2014 年），沈阳师范大学教授、梅兰芳艺术研究所所长、青年梅派表演艺术家肖迪在师父梅葆玖的支持和指导下，也进行过复排《嫦娥奔月》的创作，并作为梅兰芳诞辰一百二十周年纪念活动，在国家大剧院与观众见面。这次改编的策略是在原作基础上进行了调整，在原汁原味的要求下进行了有限度的创新。导演段建平阐述道：“梅先生演出《嫦娥奔月》只留下吉光片羽，我们的再创作尤其是作品的呈现形式，一定要考虑到今天市场的观众的变化。”①他在原剧本基础上进行了还原和调整，将“南梆子”移植到曲调中。在表演中，演员肖迪在嫦娥的水袖处理上进行了大胆的革新，将“袖舞”中的水袖长度增加到 2.5 米，在舞台灯、光、电的烘托下，白雾飘起，“桂花雨”飘落，翩翩起舞的嫦娥唯美传神，成为全剧表演的亮点。

如今，梅兰芳的历史地位和艺术价值得到了进一步提升，对梅兰芳的理论研究和舞台传承已然成为戏曲界最关注的领域。北京京剧院复排失传

---

① 罗群，袁艳.《嫦娥奔月》：百年遗珠再现舞台［N］. 中国文化报，2014-09-11.

梅派《嫦娥奔月》和2014年肖迪演出版《嫦娥奔月》虽然在风格处理上存在差异，但都不失为具有时代意义的探索。只有当代戏曲人不辞辛苦、不怕付出地潜心艺术创作，才能恢复更多的失传剧目，不断推进和拓新梅派艺术的当代传承。

第五章 梅兰芳的革新精神

京剧的各个流派都有自己不可替代的“特色”。梅派以中和之唯美、在坚守京剧传统表演特色的基础上的不断创新而著称。梅兰芳深谙观众的审美，他总是可以在舞台上做出“更美”的表演，这种“更美”，很多体现在他“在坚守传统中的不断创新”。

第一节　在创作中处处彰显革新精神

梅兰芳时代的京剧，似乎与今天的京剧有相似的境遇，都受到了外来文化和多元文化环境的严重挑战。所不同的是，今天的中国社会和今天的中国人，对世界的认识和对中国文化的态度与那时大不一样了。这种认识和态度的不同，让今天的京剧可以有机会更好地在这样复杂的环境中展现个性，更好地被人们理解，继而被全世界喜爱。

梅兰芳的时代，京剧已经走向了成熟，成熟的表演程式让人陶醉。这种成熟的程式化的表演，在不同的演员那里，还有不同的表现。有的演员机械地重复着，有的演员将程式融化在自己的血液里，让自己在舞台上的每一个动作和神态成为“有规则的自由表演”。

梅兰芳自小学戏，相信他学戏、演戏的方式与今天的我们没有本质的区别，梅兰芳的授业老师肯定也和今天给我们教戏的老师没有本质的区别。学生和老师想的其实是一样的，就是怎样把戏从老一辈那里继承下来，经过革新，传承下去。

言传身教，确实有很多需要学生去悟的地方。如果可以用简单的语言讲清楚，也就称不上艺术了。特别是精神层面的东西，你不仅要知道老师是怎么做的，还要知道老师为什么这样做。否则，跟着录音机、录像机学不就得了！学戏，不仅在学老师做了什么，还要认真领会老师给你说了什么，老师做的，是外在，老师说的，是内涵。

梅兰芳从他的老师那里悟到了京剧的美在于程式化的表演和意象美的追求，如果没有了表演的程式就不再是京剧，如果没有了对意象美的追求，戏曲就失去了魅力。谙习京剧的梅兰芳认为，程式的创新和意象美新的表现，都可以让京剧更美。于是他开始了在坚守传统基础上的创新。

京剧四功五法中的“做、打”，被认为归属舞蹈。在梅兰芳的一些剧目中，常有舞蹈特征更明显的表演，在表演程式中大大增加了舞的分量与作用，让这些剧目更加光彩夺目。

比如《嫦娥奔月》中飘带、水袖的使用；《黛玉葬花》的“花镰舞”；《霸王别姬》的“剑舞”；《西施》的“羽舞”；等等。这些都是梅兰芳在传统京剧表演程式的基础上，吸收借鉴民间舞蹈或者中国武术等元素，形成的既体现更强的舞蹈性，又不失戏曲程式美的舞蹈创新。这些舞蹈的使用，更充分地展示了梅兰芳的身段美，将人物美塑造得恰如其分，让观众美不胜收。如果更进一步去理解这些剧目中的舞蹈，不难发现，这些舞蹈并不是通常意义上的民间舞蹈，而是充满了程式性特征的舞蹈，是情节设置和人物塑造所需要的特殊表现手段，如果在另一出剧目中，也有同样的情境和人物塑造的需要，这些舞蹈可以“拿来就用”，也就是说，它们已经完全化为了京剧的程式。梅兰芳的艺术实践告诉我们：戏曲的舞蹈都是程式性的，那种在戏曲舞台上为了舞蹈而舞蹈的表演，与梅兰芳的表演有本质的不同，甚至是背道而驰的。

梅兰芳在坚守传统的基础上对京剧舞台表现的改革，远不止于唱腔和身段的创新，他在戏曲服饰领域改革的成就更是非凡。梅兰芳是一位戏衣服饰改革的倡导者和成功实践者。他的许多成功的尝试至今仍是我们的借鉴。梅兰芳对戏曲服饰的改革，创造了戏曲服饰的“第二传统”。梅兰芳的戏衣改革是有原则的，这种原则可以用“尊重传统、唯美和一切为了表演”来概括。

从现有的资料来看，梅兰芳对戏曲服饰的改革是长期的和全面的。我们可以选一些例证，来体会梅兰芳对于戏曲服饰改革的态度和思路。

豫剧表演艺术家马金凤回忆说，她在上海演豫剧《穆桂英挂帅》时，梅兰芳连看三场。后来梅兰芳到后台找到马金凤，对她说：“我演过年轻的穆桂英，看了你演的老年穆桂英，甚是受益。”他还对马氏穆桂英的扮相提出建议：老年的穆桂英是有官职的老夫人，她应该穿带“潮水”的蟒，他还根据老年穆桂英的性格特征，建议她饰演老年穆桂英时穿紫蟒和戴点翠头面。马金凤完全采纳了梅兰芳的建议，并遵循至今。从这个故事也可见，梅兰芳对传统戏曲穿戴规制的尊重和坚守，以及他在对戏衣改革时“入情入理”的要求。

梅兰芳的戏衣改革，主要是以他自身的形体和表演特点为基础、以唯美为标准进行的。比如传统戏衣中旦角的着装（如女帔、女褶）都是长而宽，掩盖了女性特有的身段之美，梅兰芳就对此进行了改革，改革之后的女装，上衣见短，裙子见长，而且裙子系于上衣外面，这样就加强了角色胸部、腰部线条的刻画，充分体现了女性的身段美。又如梅兰芳饰演的《霸王别姬》中的虞姬的戏装就很成功，梅兰芳根据虞姬是霸王爱妃和戎马生涯的身份特点，设计了如意冠和鱼鳞甲的装扮，这样的装扮既符合人物的身份特点，将演员的身段之美尽显于台上，又便于梅兰芳特意设计的一段剑舞的表演，将角色的柔美展现得淋漓尽致。

类似的改革还出现在梅兰芳创作的新的戏曲形象，比如他饰演的林黛玉。《红楼梦》是经典小说，“红楼戏”之所以难排，人物服饰总不尽如人意是个原因。在梅兰芳之前，身穿传统戏衣的“林黛玉”一上场，往往会引起哄笑，因为这样的“林黛玉”与人们心目中的形象相差太远了。梅兰芳扮演的林黛玉取得了怎样的效果呢？有观众记载曰：梅兰芳饰黛玉，衣古美人装，梳盘云髻，略缀珠翠，淡抹脂粉，柳眉含黛，星眼流波，长裙曳地，莲步姗姗，扮相之佳，无出其右。观者千百人，不期同声一个好！可见这“古美人装”创新得好！在此基础上，梅兰芳共创作了三出“红楼戏”，即《黛玉葬花》、《千金一笑》（又名《晴雯撕扇》）和《俊袭人》。

第二节 在“时装新戏”中“标新立异”

一百多年前就投身戏曲改革的梅兰芳清醒地意识到以当时的条件和认识，时装戏与戏曲的传统表现模式之间存在难以弥合的沟壑，题材与技艺很难完美融合，戏曲的思想改造容易，但技术改造难。梅兰芳在向我们提出这一问题的同时，也给出了“移步不换形”的戏曲改良思路。寻求完整的、系统的表演语汇，至今仍然是创作戏曲的核心问题。梅兰芳的访谈线索引导我们去理解他创编时装戏的愿望和过程，以及他对创编时装戏得失成败的判断。

回顾梅兰芳的艺术生涯，我们在赞叹其艺术造诣的同时，还可以从他青年阶段创编时装戏并最终明确时装戏与戏曲的传统表现模式之间存在难以弥合的沟壑中判断，成就梅派艺术的不仅有梅兰芳卓越的艺术天赋，还有其过人的勇气和智慧。

一、排演时装戏的背景

时装戏登台是社会变革的必然。在那个崇尚科学、民主思想萌芽的时代，人们的情绪总是激进和迫不及待的，社会要求戏曲担负起改恶俗、开民智、提升国民思想的历史重任。康有为曾说戏曲实为“六教之大本”[①]，“以经教愚民，不如小说之易入也。以小说入人心，不如演剧之易动也”[②]。旧戏需要改良，这似乎是共识，有人看重戏曲的功用，认为演戏、看戏可以启发民智，成为“普天下人之大学堂”，[③]甚至说戏曲是“国之兴衰之根源”，“演戏有左右一国之力”[④]。与推崇戏曲的观点相对立的，是新文化运动阵营对戏曲的全面否定，认为“即便不能废除，也应当按照西方戏剧观加以改造”[⑤]。梅兰芳作为旧戏的代表人物，自然受到口诛笔伐，郑振铎、陈独秀、鲁迅等都对此有过相当激烈的言辞。

创编新戏的冲动就像一粒种子，早已经种在了梅兰芳的心里。梅兰芳在孩童时期，就见到过新戏的样子。1905 年，梅兰芳 11 岁，曾看过《潘烈士投海》《惠兴女士》等时装戏，还有《血泪碑》《剖腹验花》等新戏。到了 1909 年，在天乐茶园，新戏一度强势，曾出现传统老戏垫场、新戏压轴的情况。

1915 年，梅兰芳搭俞振庭的双庆社演出时装戏。为了维护更多的上座

---

① 康有为. 日本书目志［M］// 康有为全集：第 3 集. 上海：上海古籍出版社，1987：1013 .

② 康有为. 日本书目志［M］// 康有为全集：第 3 集. 上海：上海古籍出版社，1987：1120 .

③ 三爱. 论戏曲［M］// 阿英. 晚清文学丛钞：小说戏曲研究卷. 北京：中华书局，1960：55 .

④ 无涯生. 观戏记［M］// 阿英. 晚清文学丛钞：小说戏曲研究卷. 北京：中华书局，1960：72 .

⑤《新青年》4 卷 6 号、5 卷 1 号、5 卷 4 号、5 卷 5 号等文。

率，俞振庭提出把《孽海波澜》一剧改为四本，并且让梅兰芳把这四本戏与他擅长的传统戏混搭演出，以此来同时满足欣赏时装戏和对传统老戏情有独钟的观众的不同需求。梅兰芳正是在俞振庭的双庆社时，在自己不知情的情况下与谭鑫培打了对台，并且大获全胜。可见，对于演出市场的追求和适应，是当时戏曲演员和戏院老板的本能追求，时装戏应时而生，与此关系密切。

二、排演时装戏的过程和启示

1913 年梅兰芳到上海演出，演出之余，梅兰芳在友人引导下观摩上海戏曲新风尚。上海之行与其说是观摩，不如说是“观光”：目之所及无不是机关布景、灯光配合、改良的化妆和扮相，处处感官刺激，梅兰芳所见无不充满着上海戏剧的“进化”。梅兰芳走进排演话剧的春柳社和锐意京剧改良的新舞台，观看了真正意义上的话剧，还看了夏月润、夏月珊兄弟改良的京剧，这些保留着京剧的伴奏唱腔但又完全改了扮相的新京剧，冲击着梅兰芳的思想。梅兰芳从上海回到北京之后，再也无法抑制往前走一步的冲动。让他觉得时不我待的，并不是那些炫目的机关布景和灯光效果，而是那些戏剧的内容：“直接采取现代的时事，编成新剧，看的人岂不更亲切有味？收效或许比老戏更大。”[①] 这说明梅兰芳创编时装戏的初衷是希望排演出可以惊世骇俗的新京剧。这当然是梅兰芳对时装戏最初的观点、愿望和态度，他相信取材于时事一定比取材于历史更有教育意义。将由时事编成的新戏——《孽海波澜》作为“最初试验”[②]，说明他对于第一个时装戏

① 梅兰芳. 舞台生活四十年：梅兰芳回忆录［M］. 北京：新星出版社，2017：197.

② 梅兰芳. 舞台生活四十年：梅兰芳回忆录［M］. 北京：新星出版社，2017：198.

的匆忙上马其实是很介意的，因为这出戏的进度太快，与他对作品精雕细琢的创作风格完全不同。但他并不认为这是该戏最终没有成为其常演剧目的主要原因，而且事实上，他很欣赏自己和团队可以在短时间内能够创编出这样一个剧目。

1. 时装戏遇到的新问题

“第二步就是服装问题了。我们先把孟素卿的经历，划成三个时期……”[①] 从这些描述中可以看出，对于服装问题，梅兰芳的第一出时装戏就有了与今天我们排演现代戏的诸多实践几乎完全一致的思路和做法，那就是根据人物所处的不同时期，不同的生活状态、身份地位，设计不同的服装。其实，梅兰芳当时没有解决的现代戏服装有利于表演的问题，直至今天，我们仍然没有解决。“第三步是研究布景……比起现在来是幼稚得多，而且也不是每场都用的。”[②] 在 1951 年 1 月的访谈中，梅兰芳对于《孽海波澜》布景的成败，说得轻描淡写，因为这出戏的布景确实很简单，以至于梅兰芳用“幼稚”一词来形容。而“也不是每场都用的”说明梅兰芳认为，《孽海波澜》一剧的成败，布景是否完善、完美根本不是主要原因。

“身段方面，一切动作完全写实。那些抖袖、整鬓的老玩艺儿，全都使不上了。……反正这里面念白多、唱工少。就是我后来排的许多时装戏，也离不了这‘念多唱少’的原则的。”[③] 梅兰芳第一时间便意识到时装戏演出中身段的问题，动作完全写实，自己擅长的“老玩艺儿”全都使不上了。传统戏里是用锣鼓带节奏，用身段的表演配合唱念引导观众去理解角色的

---

① 梅兰芳. 舞台生活四十年：梅兰芳回忆录［M］. 北京：新星出版社，2017：199.

② 梅兰芳. 舞台生活四十年：梅兰芳回忆录［M］. 北京：新星出版社，2017：199.

③ 梅兰芳. 舞台生活四十年：梅兰芳回忆录［M］. 北京：新星出版社，2017：199.

行动和内心活动，脱离了这些表现手段，很难引起观众的共鸣。排演时装戏的最初，原本以为对于舞台上角色的行动和内心活动，观众可以自行理解，但实际的演出效果完全没有达到。而且时装戏念白多、唱工少，擅长的唱腔也没有了用武之地，这一切的直接后果就是新戏里“常有冷场”[①]。在排演时装现代戏还没有足够经验的时候，冷场让演员在舞台上手足无措的尴尬可想而知。

面对时装戏迥异于传统戏的这些变化，梅兰芳明知这里面有问题，却没有解决办法，一直可以自如驾驭舞台的梅兰芳此时感到无力和无奈，压力必然是很大的。也正因如此，梅兰芳对于《孽海波澜》相对比较成功的第二本戏，印象深刻。“我扮孟素卿，王蕙芳扮贾香云。……我跟蕙芳细细研究了，重新改编过的。我们倒是下了一番揣摩功夫的。一边唱，一边做，台下一点声音都没有，很细心地在听。好像是受了感动似的。”[②]对于唱做并重的一段戏，观众、演员都觉得好，这种成功的体验让梅兰芳记忆终生。

2. 好评如潮时的可贵清醒

无论怎样，《孽海波澜》立在了舞台上，一时间好评如潮，所有这些都给了梅兰芳足够的鼓励，让他收获了声誉、票房和信心。业内同行的支持当然是最关键的，更有新戏对观众的号召力、演出的叫座能力，就连曾经极尽批评之词的一些文人也转变了态度，这可能是梅兰芳意想不到的收获。曾经坚决否定传统戏曲的傅斯年等代表着新思潮的观众也转变了态度。傅斯年在评论文章中不仅描述了梅兰芳演出时装戏的盛况，而且竟把梅兰芳时装戏的创举划到自己立场的一边，赞《一缕麻》有“问题戏”的意味。可见，至少傅斯年已经将梅兰芳划归“同道”之列。

---

① 梅兰芳. 舞台生活四十年：梅兰芳回忆录［M］. 北京：新星出版社，2017：199 .

② 梅兰芳. 舞台生活四十年：梅兰芳回忆录［M］. 北京：新星出版社，2017：200.

对此，梅兰芳却不以为然。“凡是在草创时代，各方面的条件，总不如理想中那样美满的。它的叫座能力是基于两种因素：（一）新戏是拿当地的实事做背景，剧情曲折，观众容易明白。（二）一般老观众听惯我的老戏，忽然看我时装打扮，耳目为之一新，多少带有好奇的成分的。并不能因为戏馆子上座，就可以把这个初步的试验，认为是我成功的作品。所以我继续排出了《邓霞姑》《一缕麻》……以后，就不常演《孽海波澜》了。”①

时装戏让梅兰芳收获满满，同时也使梅兰芳有了新的思考，他意识到时装戏的局限是自己无法突破的。梅兰芳认为，时装戏并没有突破老戏旧有的情节模式，这些戏只是停留在对社会现象的揭露，用一个悲欢离合的故事，直白浅陋地去讲述，自以为是地宣讲一种思想观念，实际上都是在套用家庭琐碎、男女私情的老戏路子。这样的舞台呈现，观众为图一时新鲜来捧场是可能的，但绝不可能保持长久的热情。在那样一个时装戏热潮中，梅兰芳的清醒正是他的高明之处。梅兰芳确信传统戏曲的表现模式并不完全是糟粕，而是更有精妙之处：京剧有着自己对于演员舞台表演的组织规则，传统戏的服饰完全是为了有利于表演而设置，演员在台上的一举一动，都是有规则、有节奏的程式化、舞蹈化身段。

与当时高举科学民主新思想的激进派不一样，梅兰芳认识到时装戏对社会的教育意义固然非常可贵，然而程式化的戏曲表演手段也不应被丢弃。当表现现实题材的时装戏无法与戏曲的传统程式化的表演相融合的时候，梅兰芳选择了放弃时装戏，因为他似乎想通了：排演古装戏同样可以注重作品的教育意义，一出戏的思想改革和与技术改革不能混为一谈，思想改革指的是要求剧本有教育意义，可以服务社会，技术改革则是指传统戏曲中的程式技术怎样更好地与戏曲的思想相配合。相比之下，思想改革容易，

---

① 梅兰芳. 舞台生活四十年：梅兰芳回忆录［M］. 北京：新星出版社，2017：200.

技术改革难，但两者至少可以相互配合，让舞台上的戏“合乎情理”。在此后梅兰芳排演诸多新戏剧目的过程中，他都非常注重情节、动作是否合乎情理，这显然是建立在写实主义原则上对戏曲表现的更高层次的新标准。从这一点来看，梅兰芳的戏曲观远胜于当时新文化运动过程中很多一心在学理上全面否定传统戏的激进派。

在这样的思想认识基础上，梅兰芳提出了“移步不换形”的京剧改革理念。在梅兰芳排演的时装戏中，他只对《一缕麻》当中有足够的演技展示而感到些许满意，也正因如此，在演出《童女斩蛇》之后，梅兰芳再也没有演过时装戏。因为他意识到，当时时装戏在理念和技术上都无法让题材与技艺完美融合，他确认自己无法创新出适合时装戏演出的新程式，所以只好放弃。

当年投身戏曲改革的梅兰芳遇到的问题，仍然困扰着今天的戏曲工作者，寻求完整的、系统的表演语汇仍然是今天创作戏曲现代戏的核心问题。这些问题的表现，就是我们常说的戏曲改革要拒绝“话剧加唱”，也就是我们一直呼吁的戏曲现代戏一定要“戏曲化”。

第三节　在民族文化土壤中“守正创新”

在中国京剧发展历史中，梅派艺术以其“雍容华贵”的扮相、“珠圆玉润”的唱腔及表演形式美把观众带到了其他流派难以企及和超越的高度。梅派艺术博大精深，汲取梅兰芳时代及其前辈艺术之精华，又经过后人的发展、丰富，已成为京剧中影响最大、在世界流传最广的流派，不仅影响着 20 世纪上半叶斯坦尼斯拉夫斯基“体验派”、布莱希特“叙述体戏剧”和梅耶荷德戏剧等众多戏剧体系，更作为中国戏剧的代表，被我国著名戏剧家黄佐临列为“三大体系”之一。梅派艺术之所以被提升到一个如此的高度，是因为梅派的表演美学风格，已深深植入一个民族的艺术血脉，梅派艺术已经达到其他流派难以企及和超越的高度。

中国传统文化经脉在19世纪的战火硝烟中，走向了日薄西山的落寞命运，20世纪初的“新文化运动”及“五四”一代，开创了中国文化的新局面。在一个东西方思想激荡碰撞的时刻，中国传统文化究竟有没有传承的必要？如何传承？究竟以何种方式传承？是每个中国学者必须思索的问题。与此同时，京剧却迎来生命的高潮，旦角与生角齐头并进，各大流派相互争锋。1927年《顺天时报》评选出“四大名旦”，便是一次传统艺术通过现代媒体，进行娱乐明星选拔的方式。名列榜首的梅兰芳，因其无人能及的艺术魅力，在面对滚滚而来的西方思潮时，保持着对优秀的中国传统文化的潜在认可，促使京剧逐步走向成熟。

无可否认，梅派艺术从形成到成熟，从以“前、后三鼎甲”为代表的生角主宰京剧的历史到以旦角深受观众认可的过程中，稳健地汲取了中国传统美学思想精髓，保持着传统一脉不失落，以完美的形式行走于当时社会。梅派艺术得以至今传唱的根本原因，在于它在当时就已经被广泛接受，而只有当时被接受，才有流传于后世的可能。

中国传统宇宙观和人生观建立在“气”的根基之上，阴阳之气相生相长，逐渐孕育出天、地、人的和谐共存，人心中游荡着天地之气，带动了思维的灵动，情感的淡远。这种理想贯通于戏剧、绘画、书法、诗词等各大艺术门类之中，颇为精妙地阐发意境所形成的过程。梅派艺术圆融恰当地传承了中国传统文化的脉络，梅兰芳艺术表演体系的独特之处在于它不是一个思辨理性极复杂缜密的理论体系。中国哲理惯于“道可道，非常道”，讲究感悟而不是论证。因此，在梅派艺术口传心授的教学中，每个传人都会形成自己的特色，正如梅派弟子言慧珠所形容：早期梅派如隶书，唯美飘逸，成熟期梅派如楷书，中规中矩，晚期梅派如草书，古拙质朴。所谓以声传情，以气带声，梅派发音方式由丹田之力催动气息，声在气之上，力量贯穿始终。

回望梅兰芳在20世纪一二十年代创作的时装戏和歌舞戏可以发现，中国京剧艺术不再局限于舞台上的唱工技艺，而是向昆曲学习——载歌载舞。虽然在以京剧为代表的地方戏时代，昆曲已日趋式微，但其美学原理却悄然保留下来。这便是中国传统文化的气韵，无论以何种形式、何种生命体进行表现，总能够随时光流传。梅兰芳的重大改革是表演节奏，他弃掉慢而冗长的乐感，用激情的歌舞戏代之。如他在《天女散花》中创出了"长绸舞"这一灵动、唯美的表演形式，使观众耳目一新，在继承与发展的不同时代，从一个天女散花的场景，改为一个由众佛塑像的烘托的场景，形成了雕塑美的气韵，众佛的静姿与灵动的天女完美融合，使其艺术表现力更富有鲜活美感。《天女散花》一戏的不断创新，焕发了京剧艺术的生机。

王国维极为推崇意境："何以谓之有意境？曰：写情则沁人心脾，写景则在人耳目，述事则如其口出是也。古诗词之佳者，无不如是，元曲亦然。"[①] 无论是有我之境界还是无我之境界，都在追求人与自然万物的和谐统一，追求超脱琐碎的束缚，在艺术创作或艺术欣赏之中求得身心愉快，达到"大音希声，大象无形"的境界，只有当思想无拘无束地在天地间驰骋时，才能完完全全脱离观众的具体要求和限制。如梅兰芳在《贵妃醉酒》中对贵妃之怨的表达：怨之至不是号啕顿足，而是在高贵雍容下唱出满怀凄切，节奏如怨如诉、哀怨动听，行云流水一般而不失端庄大度。"杨玉环今宵如梦里，想当初进宫之时，万岁是何等的待你，何等的爱你，到如今一旦无情明夸暗弃，难道说从今后两分离"，怨恨与舒缓相融，悲切与优美相契合，及至最终感叹："去也，去也，回宫去也。恼恨李三郎，竟自把奴撇，撇得奴挨长夜，只落得冷清清回宫去也。"绵绵余味无

① 王国维. 王国维文学论著三种［M］. 北京：商务印书馆，2014.

穷，口齿噙香，使观众在清新旷远中感受无限失宠的遗憾，可见《贵妃醉酒》的唱腔不追求风风火火、突如其来的华丽高亢，而是要在清微澹远的幽静中柔和地表达人物情感，潜移默化地影响观众，达到“音声相和”之美。

梅派唱腔甘甜圆润、醇厚亮丽、中和大气，以至达到大音希声的意境，所以有评论认为梅派当为“没派”，打动人心却似乎不着一丝痕迹，如春雨润物细无声，充盈天地之间而若即若离，有“不著一字，尽得风流”的功力。梅兰芳晚年时代，将自己毕生的剧曲反复打磨，形成最具代表性的“梅八出”，不刻意追求情节的剧烈冲突，而是追求心灵的诗意之美，不执着于外在的繁华锦绣，而是讲究内在意境的平和淡雅。如《宇宙锋》中的经典折子“修本”与“金殿”两场，不仅将所有剑拔弩张的危险情境处理成主人公赵艳容——一个弱女子与强权的斗智斗勇，还在舞台表现上被处理成大段描绘心理的不同板式等唱腔。如“我这里假意儿懒睁杏眼”（“反二黄慢板”）唱腔，该唱段运用深沉的慢板节奏，揭示了剧中人装疯时的悲愤心情，唱腔韵律深沉，塑造了赵艳容的音乐形象，特别是梅派唱法与音乐伴奏的“心气合一”，呈现了丝丝入扣的艺术表现力。而在慢板过门音乐中，又体现出声断意不断的神情。整段唱腔在气韵、字韵、声韵中一气呵成，营造出梅派唱腔形式美的穿透力，跨越时空成为经典。梅派在塑造人物时，将戏曲的虚拟之美、乐感之美等多方面美学因素婉转地融入情感表达之中，使唱念与表演完美结合。赵艳容装疯时的扮相丝毫不给观众以丑陋之感，所有身段都经过了优美的加工提升，正合乎“天地有大美而不言”的儒家经典。赵艳容叫道：“爹爹，你是我的亲 ……儿呀！”以兰花指拔下几根胡须，轻柔地一翻手腕，徐徐吹开，转过脸来，目光充满绝望与愤恨。观众顿时感到赵艳容心中无限伤感，正像这胡须一般丝丝缕缕，剪不断理还乱，从而跟随主人公的情绪向前发展。梅派塑造人物可以在不自觉中使人陶醉剧情之中，达到和谐流畅，自然天成的境界，并非生硬晦涩。

美学家宗白华认为："用心灵的俯仰的眼睛来看空间万象，我们的诗和画中所表现的空间意识，不是像希腊空间感觉的有轮廓的立体雕像，不是像表现埃及空间感的墓中的直线甬道，也不是代表近代欧洲精神的伦勃朗的油画中渺茫无际追寻的深空，而是'俯仰自得'的节奏化的音乐化的中国人的宇宙感。"[①] 梅兰芳的舞台表演讲究一个人演满台，即演员每一个动作，包括背身思索、打背供与观众交流，都营造出一种气场，牢牢抓住观众心理，即真正充满气场的，不是现实时空，而是心理时空和艺术时空，痛苦、喜悦等情绪可以被放大，千山万水可以一带而过。梅派表演的是诗情，中国传统的诗意充实在其中。

梅派艺术从气韵出发，引领观众品味中国传统文化意境，通过剧场心理感应，走向天人合一的境界，因此梅兰芳个人的表演，不拘于某一个特定程式，在总体美学风格依旧的前提下，随时间、地点的不同而变换，正如梅兰芳所形容，自己的笑或即兴表演，都是自然而然发生的，并不是提前做好准备，这种与艺术真谛的呼应，正是一个大师的成熟表现。因此，"真正的大艺术家，都做到了'从心所欲不逾矩'，戴着镣铐起舞，舞出一种极致的无可替代的美"[②]。梅派塑造人物始终在美之中，这也是梅派的灵魂所在。在梅兰芳晚年的代表作《穆桂英挂帅》中，梅兰芳用简易平淡的表演诠释了一个巾帼英雄形象，剧中没有繁复的唱腔，简单的旋律蕴含了梅派唱腔的独特力道；身段上没有曼妙的舞姿，捧印的身段要求裙不动、鬓不乱，水袖的挥洒要显出力度，动中有静，静中有动，充分彰显了梅派独特的艺术魅力。

在当今审美日益多样化、广泛化、复杂化的社会，梅派的中和之美应获得怎样的定位，答案便是：梅派的美学风格，代表着中国人传统的从

---

① 宗白华. 美学散步［M］. 上海：上海人民出版社，2005.

② 于丹. 游园惊梦：昆曲艺术审美之旅［M］. 北京：中华书局，2007.

容心境，永不埋没。因此，梅派之美能够在每一出经典代表作中启发当代人的心境，这种中和之美已达到“大音希声，大象无形”的境界，启发着当代社会对于传统的回归，启发着人们追求中国艺术本应源远流长的中和之美。

梅兰芳与清华大学校园戏曲美育

第一节　清华大学戏曲美育历史与传统

近代大学的建立为现代美育观念的传入和实施提供了土壤，在蔡元培、王国维、梁启超等一代学界领袖的摇旗呐喊下，美育实践已经在近代大学中生根发芽，逐步成为校园文化中不可缺失的一部分。戏曲走进近代高校课堂与美育观念的实施有着直接关系，北京大学校长蔡元培正是读了吴梅的《顾曲麈谈》后大加赞赏，出面将其聘至北京大学教授古乐曲。1917年，吴梅执教北京大学开设的词曲和中国文学的课程，首次将昆曲内容引入大学课堂，揭开了近代戏曲美育的序幕。此后，他又转任东南大学、中山大学、光华大学，最后落脚在南京大学，培养出一批致力于从事戏曲研究的学者，诸如许之衡、卢前、任中敏、钱南扬、王季思等人，也陆续走上大学讲坛，巩固和发展戏曲在大学教学中的学术地位和影响。

时至今日，已有百年办学历史的高校基本形成了自己的美育传统和特色。清华大学建校伊始就开展了艺术教育和文艺社会活动，并随着时代变迁不断提升和丰富艺术美育的形式与内涵，逐渐确立了通识（通才）教育观念下以学生素质培养为核心的美育模式。作为早期在高校开展的戏曲美育的大学，京昆艺术在清华大学的传承与传播历史悠久，在不同时期校园文化生活中发挥了重要作用。梳理这段历史，有利于我们了解近代大学戏曲传承的历史和阶段特征，为当下戏曲校园美育文化建设提出前瞻性和可行性的建设性构想和建议。

一、清华园京昆美育文化的初建与兴起

清华大学历来重视校园文化建设，早在清华学堂时期，学校的课程设置中就有关于艺术教育的内容。1911 年的《清华学堂章程》将课程分为“通修”和“专修”两类，其中“通修”课程中包含美术和音乐。1912 年，清华学堂改为清华学校后，课程理念得以延续，在保留美术、音乐课程之外，鼓励学生组织音乐、美术、戏剧社团，并组织专职或聘请老师指导学生活动。在丰富的校园文艺生活中，自然也少不了京昆艺术活动。“远在 1914 年，年刊上就登有京剧《杨贵妃》的彩排剧照。”[①]1916 年，周诒春校长在面向师生的主题为社会事业申义的演讲中，建议学生改良社会教育，并专门论述了戏曲与社会事业的关系：“社会事业亦多矣，然求其收效易而影响大者，则莫若社会教育若。而社会教育，尤以改良戏曲为最要。……戏曲而忠爱义侠，不诲淫，不诲盗，不荒唐无稽也，则一般平民，不患其不爱国，不高尚，不真实。人人爱国，人人高尚，人人真实，则国焉有不富而强者哉。……戏曲之善恶，既有关国运也如斯，则为学生者，课余之暇，宜如何自度其才，自量其力，以改良之乎？不特有助于国，且亦足练作文也。”[②] 号召学生改良戏曲，振兴社会，这也正是五四文化运动时期的思想主流。1922 年代理校长曹云祥（1922 年 4 月—1924 年 5 月任代理校

---

① 黄延复. 二三十年代清华校园文化［M］. 桂林：广西师范大学出版社，2000：229.

② 清华大学校史研究室. 清华大学史料选编：第一卷　清华学校时期（1911—1928）［M］. 北京：清华大学出版社，1991：389.

长职务，是一名京剧爱好者)，主导成立了名为“菊社”的京剧社团，成员有20多人，每周练习3—4次，并在建校15周年的校庆活动中演出了《捉放曹》《坐宫》等剧目，获得师生的赞赏。20世纪30年代，学校成立音乐部，在中国音乐课程中开设国剧(京剧)。1930年2月，聘请当时京昆界的“票界领袖”红豆馆主爱新觉罗·溥侗(1877—1952)来校教授昆曲艺术，为师生排练京剧节目。同年3月，体育部教师杨文辉、涂文倡导成立了“旧剧研习社”，并聘请爱新觉罗·溥侗为名誉指导，成立之初便有50多名师生参加。红豆馆主出身皇室，为人谦和，抱着“不问初学或缘由根基，一概接受”的态度在清华园内传习京昆艺术，颇受学生们欢迎，“师生融洽、成绩乃佳”。翻阅当时刊登的选课信息：“欢迎同学踊跃加入——现又至一学期之始，无论欲选修昆曲者或欲学国乐者，照例皆可于此时报名加入，凡有志学习者可即日到注册部添选该二门或任一门。”[①]零基础、无门槛的培养观念，与梅贻琦校长提出“通才教育”观念相一致，并在此后的艺术教育中得以延续。

对于这段历史，署名“魁芜”的作者发表在《国立清华大学校刊》的文章中回忆道：“我以为这是一个颇可欣赏的奇迹，正如灵隐寺的飞来峰，忽然一夜被风刮倒一样……我们欢迎他的来园，不过希望能学唱两句‘良辰美景奈何天，赏心乐事谁家院’而已，我们最大的希望乃是因了溥先生的指导……全院风气或将为之一变，这才是我们最大的希望的终点，也正是我们竭诚欢迎的理由。”[②]可以说，爱新觉罗·溥侗的到来为清华带来了京昆艺术的高水准的专业传承，在当时产生了广泛的社会影响。1933年，爱新觉罗·溥侗赴南京上任新的职务，他离开清华之后，京昆艺术在清华的传承并没有终止。

---

① 参见《国立清华大学校刊》[民国十九年(1930年)三月三日，第一版]。

② 黄延复.二三十年代清华校园文化[M].桂林：广西师范大学出版社，2000：141.

其实，早在爱新觉罗·溥侗到清华任教之前（大约自1925年起），已经有一批对京昆艺术情有独钟的师生爱好者和研习者陆续来到清华园，如俞平伯（1900—1990）、浦江清（1904—1957）、许宝騄（1910—1970）、汪健君（1903—1999）等。随着这些人员的不断加入，1935年3月17日，在俞平伯的倡导下，成立了在北京昆曲历史上颇有影响力的“谷音社”。成员除了上述人员，还有陶光、陈盛可、许宝钏（俞平伯妻子）、张荫麟、叶公超、陈竹隐（朱自清妻子）、华粹深等人，他们在清华园中的拍曲活动十分活跃，几乎月月同期集会，不定期进行公开曲集，并与校外曲社联合举办曲会，一度影响甚大，当时校刊曾有报道。据发起人俞平伯回忆：

> 于春夏之交，发议结社，于某日下晚在工字厅首次公开曲集，乙亥新正十四（廿四年）于同地二集，其时犹未有社之正式组织，而对外已用谷音社名义，以冀稍得学校之补助。二月十三日（廿四年三月十七日）在平（笔者按：俞平伯）寓所开成立会，作首一次同期。用二月十五为花朝之说，定为本社成立之日，以后每用旧历者以此。遂定社约，选职员，以平主其事，并通过同期细则，规模差具焉。其时社员有十四人，后来者二十，共三十四人。中有因事暂时离社者，实际曾在社度曲者二十四人。①

浦江清的日记对这段生活有着详细的记录。“1936年，1月5日，下午其笛师陈延甫进城至东四牌楼后椤棒胡同一号华（华粹深，笔者注）宅赴曲急，唱《望乡》二支。1月8日，晚间俞平伯来邀往商议关于谷音社及城内言咏社联合曲事。”②

---

① 俞平伯.俞平伯说昆曲［M］.北京：北京出版社，2019：15-16.

② 浦江清.清华园日记　西行日记［M］.上海：生活·读书·新知三联书店，1987：88，90.

此时，京剧演出活动也十分活跃。学生中不乏喜爱京剧者，当时在清华读书的季羡林（1911—2009）在日记中记录了他于 1932 年 8 月 28 日第一次到天桥听戏的经历。“戏是晚七点开演，演者有萧长华、尚和玉、王凤卿、程继先等。因没有买到头排，在后排有时就仿佛看电影似的。但是这是我第一次在北京看旧剧，而北京的旧剧又是全国之冠，所以特别觉得好。”[①] 还有一些学生听戏热衷于票戏，20 世纪 30 年代成立了一个号称“六院票房”的京剧演出群体，成员有王乐（嘉澍）、彭国庆、叶衍鑫、刘曾复、傅幼侠、刘起凡、戚长诚、浦薛风等人。“六院票房”活动在当时也比较活跃，这段历史据傅幼侠先生回忆道：

> 记得民国廿二和廿三年中，在清华大礼堂曾有教职员及学生联合排演平剧。医院的药剂师、又高又瘦的刘起凡先生曾唱过《落马湖》的黄天霸；戚长诚演过《法门寺》的刘瑾；浦薛风教授夫人串演过《游龙戏凤》的正德皇帝。他们都是对平剧很有研究，在台上唱念做都十分精湛，恰到好处。我们若干爱好平剧的看了甚为欣慕，并且增添了想自己上台的愿望。在那个时期，是否溥西园先生尚且留在清华教昆曲和平剧，我毫无印象了，或者在我们所谓“六院票房”的同志们入校之时，侗五爷已经不来教戏了，否则不应当没有见过他。[②]

北平沦陷后，清华大学西迁到昆明，西南联大期间物质困乏，师生生活陷入困境，清华师生以苦作乐，仍然在工作学习之余，拍曲票戏。以转到西南联大的浦江清为例，旅居昆明期间，利用闲暇时光仍与同人开展昆曲活动。他的女儿浦汉明回忆道：

---

① 季羡林. 清华园日记［M］. 北京：人民文学出版社，2015：7-8.

② 黄延复. 二三十年代清华校园文化［M］. 桂林：广西师范大学出版社，2000：229.

> 1939 年，清华、北大都迁到昆明，合并为西南联合大学，江清也来了。当时我和吕叔湘都在云南大学。于是我们在翠湖旁边的承华圃街合租了几间民房作为宿舍。在这一段岁月中，我经常听到江清在屋子里吹笛拍曲。[①]

这一时期京昆艺术的校园传承在师生群体中具有浓厚的观众基础，主要体现出以兴趣为主导的自发传承，校园中以社团为纽带的传承活动十分活跃。这些热爱京昆艺术的师生群体，也自觉把对京昆艺术的研究融入学术生活，从中走出了数位对京昆艺术研究精深的专家。如俞平伯、浦江清、华粹深、刘曾复等，他们都有一定数量的学术著述，对京昆理论研究和艺术传承做出了重要贡献。

二、当代清华园中京昆美育文化的发展与嬗变

1949 年中华人民共和国成立后，清华园里的戏曲活动得到了传承和发展。在新的时代环境下，文艺活动主要以“清华大学学生文艺团”的形式展开，这一时期的京剧队成员多达百人。1958 年，清华大学校长蒋南翔提出了建设政治、业务、文艺体育的“三支代表队”思想。校内多个艺术团进行合并，成立了学生文工团，文工团下设京剧队。京剧队十分活跃，为了宣传红色先进思想，京剧队成员根据当时校内发生的真实事件——电机系为了促进生产拆掉了学校附近的关帝庙建起了土电厂，改编创作了一出京剧——《关羽搬家》，在校内引起了很大反响。《关羽搬家》后来走进全国政协礼堂向中央领导汇报演出，周恩来总理高度称赞，认为“这是浪漫

---

① 浦汉明. 漫唱心曲谱婵娟：读曲论稿［M］. 天津：天津古籍出版社，2008：7-8.

主义和现实主义相结合的作品”[①]。

对于这段往事，当时京剧队老队员萧昌杰回忆道：

> 下课铃声响罢，距离晚饭还有一个半小时，我便快步走向三院那笙歌嘹亮的京剧社排练场，在从城里聘来的京剧教员的指导下，我们排练了马派名剧《四进士》。我还根据在编辑工作中收到的热 02 沈静珠同学的一篇稿件，改编成京剧《三气关羽》，后经京剧社同人整理更名为《关羽搬家》，反映了同学们开展义务劳动、在校址北端圮毁的“关帝庙”处自己动手修建清华电厂的情景。[②]

这一时期的京剧队活动非常活跃，经常在一些文艺活动中展演传统剧目，还会根据生活中的真实事件改编创作一些时事剧目，为了提升表演水平，他们还会邀请京剧院团名家来进行业务指导。为欢庆 1960 年元旦，京剧队还专门编演了《潮白河上锁蛟龙》，据当时京剧队老队员孟繁雨回忆：“京剧队编演的剧目是《潮白河上锁蛟龙》，其背景是 1959 年首都 20 万军民奋战修建密云水库以及清华水利系 1958 届毕业生‘真刀真枪’的密云水库设计实践。剧中以治河民众为一方，以潮白河龙王及九龙山山神为对立的另一方，层层展开冲突，最终锁住了老龙。中间穿插民工成功研发‘能两面翻倒沙砾料的小车’等细节。”为了演好这出戏，京剧队还从当时的中国京剧院请来表演艺术家前来指导，“队里请来了中国京剧院的短打武生李景德、武净张宏逵，在前体育馆辅导队员们练功。新手练下腰、踢腿、拉山膀、穿云手、鱼跃前滚翻等，主要演员练劈叉、摔抢背、走边等有些难

---

① 陈旭，贺美英，张再兴. 清华大学志：1911—2010（第一卷）［M］. 北京：清华大学出版社，2018：603.

② 萧昌杰. 征途漫漫［J］. 清华校友通讯，1991（21）.

度的动作”。[①] 此外，“56 级工物系学生胡芝风由业余爱好走上专业道路，成为表演艺术家、导演”[②]。

20 世纪 90 年代，清华园里的京剧演出活动再度升温，尤其是 1993 年成立了艺术教育中心，艺术教育师资队伍和教学力量得到了加强，艺术课程和艺术实践活动更加丰富，在戏曲活动方面成立了京昆协会。1996 年复建了京剧队，在艺术教育中心的指导下，邀请专业教师进行指导实践，定期开展京剧剧目和折子戏的展演活动，开展京昆艺术的演出交流和研讨活动。2007 年，据“龙凤呈祥”——学生艺术团京剧队举办专场演出纪念复建二十周年的演出活动宣传稿件中统计，京剧队“二十年来，共举办专场 16 次，演出经典剧目（折子）30 多个，随艺术团出访美国、希腊、中国香港和澳门等地，2007 年、2010 年、2013 年参加北京市大学生艺术节，均获一等奖。”[③]

21 世纪以来，国家开始重视戏曲文化的传承，从 2005 年开始，由教育部、文化和旅游部、财政部联合举办高雅艺术进校园活动，实行由政府购买文艺院团服务，为广大学生提供免费欣赏高雅艺术的途径。为了支持高校围绕民族民间音乐、民族民间美术、民族民间舞蹈、戏剧、戏曲、曲艺、传统手工技艺和民族传统体育等传统文化项目在高校的传承与发展，教育部决定在全国普通高校开展中华优秀传统文化传承基地建设。2018 年 11 月，教育部公布了第一批中华优秀传统文化传承基地认定结果，清华大学以京昆艺术文化传承基地入选其中，为长期以来清华大学的戏曲文化传承带来了新的发展机遇。

综上所述，京昆艺术在清华园中的演进始终与国家和时代的需求密切关联，经历了一个漫长的积淀和发展历程。在这段历史进程中，清华园中

① 孟繁雨. 我叫“八成儿”［EB/OL］.（2009-04-16）［2024-03-24］. http://www.tsinghua.org.cn/info/1954/13798.htm.

② 陈旭，贺美英，张再兴. 清华大学志：1911—2010（第一卷）［M］. 北京：清华大学出版社，2018：609.

③ 参见清华大学艺术教育中心官网。

的京昆艺术传承与传播始终以美育为目的，是全校公共艺术体系中的重要支撑，其目标在于提升学生的戏曲文化素养和审美水平。

近年来，美育成为社会关注的重点话题，尤其是高校美育在教育系统中的地位和作用逐步受到重视。为切实加强高校美育工作，深化美育教学改革，教育部于 2020 年成立了首届全国高校美育教学指导委员会，专项指导全国高校的校园美育工作的实施。认识和了解中国传统文化，建立文化自信，进而发展为对中国传统文化的审美自觉，让人成为审美的人，逐渐成为大学教育的共识。正如清华大学艺术教育中心主任赵洪老师所言："艺术对人的培养，特别是在审美素养和文化素质的提高、对民族艺术审美的理解，以及价值观的塑造等方面，都是一个长期的过程，不是搞一两场活动、办几个节、观演几个节目、开几次会就能一蹴而就的，这需要长久的坚持和持续的投入。"[①] 在校园中开展美育不仅是一种教育形式，更是一种教育观念，艺术教育作为美育的重要中介和途径逐步成为共识，在校园中建立审美的文化环境、加强校园美育的薄弱环节，成为高校不可或缺的文化建设。

第二节 清华学子眼中的"梅兰芳"

在高校开展京剧艺术通识课程是响应国家倡导传承中华优秀戏曲文化的号召、落实立德树人根本任务的重要举措。国务院办公厅印发的《关于全面加强和改进学校美育工作的意见》（国办发〔2015〕71 号）要求"把培育和践行社会主义核心价值观融入学校美育全过程，根植于中华优秀传统文化深厚土壤，汲取人类文明优秀成果，引领学生树立正确的审美观念、陶冶高尚的道德情操、培育深厚的民族情感、激发想象力和创新意识、拥有

① 赵洪. 让戏曲艺术的种子在校园生根：2017 校园戏曲节回顾［J］. 中国京剧，2018（2）：60-63.

开阔的眼光和宽广的胸怀，培养造就德智体美全面发展的社会主义建设者和接班人”。京剧是中华优秀传统文化的重要载体，将中华美育精神与核心价值观高度融合，具有重要的美育和德育价值，能够给予当代大学生历史文化的滋养，涵养他们的家国情怀，使之成为担当民族复兴大任的有为青年。

艺术通识课程“京剧与中国传统文化”涵盖京剧历史、理论、剧目、美学、文化等五个层面。学生通过该课程的学习能够全面掌握京剧艺术，提高传统文化素养和艺术鉴赏力。为了让学生更加清晰地了解梅兰芳艺术的特征，中央戏剧学院京剧系焦丽君老师在该课程中为学生导赏梅派艺术。焦老师声情并茂的讲解，激发了学生对梅派艺术和梅兰芳大师的兴趣，在期末作业中有数十位同学选择将梅兰芳作为研究对象，从不同角度撰写鉴赏文章。这些文章体现了青年学生对梅兰芳乃至京剧艺术的独特理解，也在一定程度上反映出高校校园美育的效果。

一、简论梅兰芳的服饰与造型创新①

梅兰芳名澜，字畹华，自 8 岁开始学戏，11 岁登台演出，在 50 余年的舞台生涯中，形成了别具特色的京剧旦角流派，世称“梅派”。代表作有《贵妃醉酒》《打渔杀家》《宇宙锋》《天女散花》等。他不但继承了传统的京剧旦角表演艺术，还对其进行了一定的发展与创新，尤其是 1913 年首次前往上海进行演出后，梅兰芳意识到京剧艺术尚有许多不足。因此演出结束回到北京后，他开始着手改革京剧，改革以剧目为核心，包括服饰、化妆、动作舞蹈、唱腔、伴奏、舞台设计、表情等。按照梅兰芳的说法：“我排演的新戏大致分这么几个类别，第一类是穿老戏服装的，比如《牢狱鸳鸯》。第二类是穿时装的新戏。比如《宦海潮》《邓霞姑》《一缕麻》。

① 选自黄钰云（清华大学建设管理系学生）创作的《简论梅兰芳的服饰与造型创新》一文。

第三类是我创制的古装新戏，比如《黛玉葬花》《嫦娥奔月》《千金一笑》等。”[①] 总体来说，梅兰芳的服饰改革以人物为核心，根据程式化的表演需要，在不同新编剧目中进行了“一戏一格”的服饰与妆容革新，实现了表演与形塑的统一。下文将从古装新戏和时装新戏两个方面探讨梅兰芳对于京剧造型与服饰的改革创新。

（一）古装新戏造型与服饰改革

在梅兰芳进行京剧艺术改革之前，戏迷对京剧艺术的赏析更多聚焦于听觉，由于传统戏曲大多以唱工戏为主，戏台下的观众习惯于听戏而非看戏，听戏时半靠着椅子，闭着眼睛，手敲着板眼，嘴里不时跟着唱几句戏词。但是梅兰芳并不满足于此，他认为除了听觉享受，视觉享受也很重要，而演员的妆造就能够在很大程度上影响观众的看戏体验。因此，梅兰芳在演员的造型、服饰上进行了一系列改革。

1. 造型

在传统戏曲中，正旦的发型做法可以被简单概括为“大开脸”（图6-1），展现在观众面前的特点是额角平阔，眉毛短小，形状似柳叶，嘴唇上仅点一点胭脂象征樱桃小嘴；未婚女子的做法则可称为“小脑门儿”（图6-2），即额角正中间有一个小弯，以此为中心分成左右两条大鬓一直包到面颊，所以额头格外狭窄。梅兰芳考虑到演员妆造的美观，借鉴古典发型，根据特定的人物与特定的剧情，设计了适合人物的“片子”，“片子”的出现让旦角演员的额头不再空荡荡，侧脸的轮廓线条也更加流畅，更符合鹅蛋的形状，这样的改良使得演员妆造更加美观。不同的角色由于其年龄、身份、性格的不同，“片子”的贴法也有很大的差异，使得演员一改原来“大同小异”的妆造风格，个性化的妆容处理能够更好地展现人物的性格特点。1913 年，他在上海演出时，开始采用“小脑门”装扮，并且将小弯两

① 梅兰芳. 舞台生活四十年［M］. 北京：中国戏剧出版社，1987：1.

边对大鬓做得稍微带有弧形，从发型中体现传统妇女的柔美。考虑舞台效果与时代潮流，梅兰芳还用高髻使旦角拥有更好的正面效果。除了上述方面，梅兰芳还根据自身条件的变化对妆造加以适当的调整，以其晚年表演的《宇宙锋》为例。由于随着年龄的增加，发际线逐渐后移而导致额头部分相较年轻时更为空旷，他便将正中间的小弯比从前更为下移，使得小弯的排列更能够修饰其脸型，同时为了解决面部逐渐丰腴的问题，他将侧面的大片子向前贴，使得面颊面积缩小，以保持在舞台上的美观。梅兰芳对于戏曲造型的改革是前所未有的创新，相较于单一不变的传统戏曲造型，梅兰芳的改革秉持着造型服饰服务于人物塑造的观念，使得戏曲演员的妆造不再千篇一律，而是“因地制宜”地根据剧情进行设计，以更好地应对因年龄、身材等因素的变化，更好地演绎角色。

图 6-1　大开脸

图 6-2　小脑门

2. 服饰

梅兰芳对于梅派古装的开创在中国戏曲服饰发展史上具有十分重要的意义。在梅兰芳常演的古装新戏《天女散花》《嫦娥奔月》中，他借鉴了古代绘画和雕塑中人物服饰的特点，推陈出新地创造了许多令人眼前一亮的戏装。他设计改良的戏装多参考古代作品中女子的形象，被当时的人们称为古装，与其他通用的戏曲服装相区别。梅兰芳对于戏曲服饰的改革不是凭空而来的，而是与其对于舞蹈、表情、动作的改革一脉相传，是艺术组成的一部分。

据记载，在为陈德霖先生庆祝生日时，一幅《麻姑献寿图》引起了梅兰芳的注意，他认为古装的设计十分令人惊艳，并以此为契机开始了京剧服饰的设计。他时常在家中的八仙桌旁穿着古装做各种各样的动作，向梅党智囊演示，经大家研究并一致认为这样的动作十分具有美感后，他才算满意。他在舞台表演中展示的“盘舞”“羽舞”“剑舞”“袖舞”等令人惊艳的舞蹈，都是集体智慧的结晶。

梅兰芳在《贵妃醉酒》《嫦娥奔月》等剧剧目的改编过程中增加了大量的舞蹈元素，使得这些剧目不再是原来单调的唱工戏，而是唱、念、做、舞俱佳，人物的表情、动作、身段、服饰互相呼应，使得表演得到了全面升华。无论是《嫦娥奔月》中依托于敦煌壁画、民间舞蹈的曼妙舞姿，还是《霸王别姬》中依托于武术的剑舞，梅兰芳对于服饰的创新和人物形象的塑造，均是服务于戏曲整体舞台呈现的。以《嫦娥奔月》这出古装新戏为例，齐如山、李释勘、梅兰芳在嫦娥这一角色的服饰设计上别出心裁。考虑到这出戏是旦角戏，歌舞场面较多，嫦娥穿着传统京剧服饰上台则既缺乏新意，又难以达到塑造人物形象的目的。经过多番考察后，梅兰芳等人决定以仕女图为蓝本进行服饰设计，以配合嫦娥的形象塑造，为此他购买了大量古画，多方借鉴、融会贯通，最终确立了《嫦娥奔月》一戏中古装的蓝本。事实证明他的创新是成功的，仕女图中的女子服饰不仅满足了观众想象中仙女的样子，也为嫦娥这一角色的歌舞动作增色不少。

具体来说，梅兰芳一改之前的旦行装束——将裙子穿在衣服里面显得衣服很长，把裙子扎在了衣服外面，并且将衣服的袖子改成较为狭窄的样式，凸显出裙子的“长”与“轻盈”，将丝带、玉佩等元素加入服饰中，更加增添了角色的仙女特性；此外，他在材质方面采用更加轻盈的布料和绣花样式，也使得裙子更加清雅飘逸，对于人物塑造发挥了积极作用。

如果说《嫦娥奔月》是梅兰芳对于服饰改革的开始，那么《天女散花》则是其服饰改革的最佳成果之一。这次服饰改革，他借鉴了敦煌壁画和雕塑上的许多元素，大胆地去掉了传统青衣服饰的水袖，改用很长的绸带，并且在“观世音满月面珠开妙相”唱段中采用绸缎舞的方式进行表演，融合了戏曲与舞蹈元素，最后双手合十的定格，更加凸显了“天女”的角色形象。除了绸缎，角色脖子上用珠子做成的类似瓔珞的装点，以及裙子上的玉佩，也起到了很好的装饰作用，五彩缤纷的花篮、绚烂的散花场景、绸缎的舞动充分展现出仙女的气质，将角色演绎得惟妙惟肖。

谈及梅兰芳对于戏曲服饰的改革，不得不谈的就是《霸王别姬》一剧，虞姬头戴如意冠、身着鱼鳞甲的形象深入人心，而这个形象可谓梅兰芳的独创。不同于传统戏曲中的旦角——要么是擅长武功的武旦、刀马旦，要么是举止稳重的青衣或活泼可爱的花旦，虞姬文武双全，需要融合青衣与刀马旦的表演技艺进行表演。为此，梅兰芳邀请了戏装大师谢杏生先生根据虞姬的身份和形象特点，设计了鱼鳞纹样的铠甲，取“虞”之谐音，称为“鱼鳞甲”。此外，古装头也是梅兰芳别出心裁的设计，区别于一般的旗装头或抓髻头，古装头和古代妇女生活中的发型更为相似，最早出现于绘画《麻姑献寿图》中，后又多方借鉴，包括古代仕女、敦煌壁画中的歌女等，再结合戏曲演出的特点进行调整，搭配上裁剪合身、腰带束身的古装，更能够显示出虞姬的婀娜。而“如意冠”可谓独出机杼，如意一词象征着随霸王出征的虞姬祈求上天能够保佑霸王百战百胜，而以黄色为主基调的如意冠也彰显了贵族气质。如此，梳着古装头、头戴如意冠、身着鱼鳞甲的虞姬给观众留下了深刻的印象。

虞姬的“剑舞”是《霸王别姬》中最为著名的一个片段（图 6-3），也是虞姬对霸王情感表达的外化。鱼鳞甲服饰的设计有利于虞姬舞剑时不受衣服的束缚，能够和舞剑的动作交相辉映。虞姬舞影婆娑、剑光凌厉、风声猎猎、如泣如诉地缓缓开口：“汉兵已掠地，四面楚歌声，君王意气尽，妾妃何聊生！”短短几句，既是情意缠绵，又体现出她的肝肠寸断。似乎我们能够从眼前的方寸舞台蔓延开，听到四周杀伐声渐近，看到楚兵哀鸿遍野。虞姬自刎一幕：她利落地拔剑出鞘，背身过去，身上鱼鳞甲随她的步伐而动，犹如在舞台上盛开出一株绝色的虞美人，虞姬香消玉殒，却万古留名。

图 6-3 《霸王别姬》中的“剑舞”

（二）时装新戏造型与服饰改革

辛亥革命后，戏曲改良运动兴起，时装新戏的创作十分繁荣，不仅有取材于国外事件的“洋装新戏”，也有取材于实事新闻的“实事新戏”，还有采用清代服饰的“清装戏”，当时的时装新戏反映了各种各样的社会问题。例如，当时创作的京剧《黑籍冤魂》，讲述了一位少爷在沦为大烟鬼之后只能拉车度日，结果发现乘车的妓女竟然是自己的女儿的故事。这类时装新戏在上海演出较多，梅兰芳虽然身处北京，却一直致力于京剧的改革创新，除了上文提及的古装新戏，在其创作的时装新戏《孽海波澜》《宦海潮》《邓霞姑》《一缕麻》中，他在角色的造型、服饰等方面都进行了改革创新。

19 世纪末，戏曲改良运动在上海兴起，身处北京的梅兰芳在前往上海演出后受到了很大的触动。当时创作的老戏大多取材于历史故事，对于时代新思想的传播意义不大。因此，梅兰芳决定直接取材于时事，尝试对戏曲进行改革创新。由于以现代故事为蓝本，过去戏曲中常用的水袖、整鬓等传统程式便不再合适，重新设计一套适合时装新戏的服饰、头面、化妆，乃至于唱腔、念白、身段等就显得格外重要。这些剧目为了表现特定的人物性格、身份，在一定程度上借鉴了文明新戏，梅兰芳改衣裳、改褂服、改袖口、改抬肩、改发髻、改头面装饰，多方借鉴当时盛行的风格，将当时流行的小袄、坎肩、裤袄、裙袄、旗袍、马甲等应用于时装新戏。以旗袍为例，梅兰芳在演出中运用了很多旗袍样式，而且为了方便演出，他还将旗袍进行了改良，如将某些旗袍的领口和开衩开得更大、将某些旗袍的开衩部位打上鱼鳞百褶，起到松紧的作用等。

以梅兰芳于1914年排演的时装新戏《孽海波澜》为例，该剧讲述了已婚农村妇女孟素卿被婆婆卖给了妓院，她在妓院中受尽折磨，车夫陈子珍在了解孟素卿是营口同乡后设法搭救，案件诉至协巡营，帮统杨钦三受理其案，最终究明实情的故事。不可否认，梅兰芳戏曲现代化的尝试多借鉴了当时流行的话剧，正如梅兰芳先生所言："这样的戏对于我们也是新鲜事物，以前从来没有弄过，我们也没有考虑皮黄的特点，结果上了台全不是那么回事，过去戏里的一切程式这里全都用不上，一切动作完全写实，没有了水袖，抖袖、整鬓，老技巧根本没了一点用武之地。场面上也只是按照剧情，机械地把锣鼓家伙加了进去。"[①] 梅兰芳在《孽海波澜》中采用与话剧类似的妆造，孟素卿身着旗袍，留着中分的发型，没有采用贴片子的做法，更有利于人物形象的塑造。

作为戏曲现代化改革的初期尝试，时装新戏给戏曲改革提供了新思路，为后续改革奠定了基础，经过舞台实践，梅兰芳发现时装新戏的表演与传统京剧程式规范存在矛盾，程式化作为京剧的"灵魂"之一，在时装

① 梅兰芳. 舞台生活四十年［M］. 北京：中国戏剧出版社，1987：1.

新戏中的用武之地很少，并且演员多年修炼的水袖功也难有表现的场景，在一定程度上限制了表演自由，与其崇尚的艺术追求存在抵牾，于是他果断停止了继续深入的实践。

（三）小结

梅兰芳改编、创作的剧目通常歌舞并重，而其造型、服饰的设计多与其唱腔、舞蹈相配合，共同塑造人物。他对于戏曲造型、服饰的改革力度空前绝后，首创的古装头饰、服饰、妆造基本被沿用至今，他不但创造了经久不衰的梅派艺术，更深刻地影响了其他行当的发展。“徽、汉等地方声腔剧种和昆曲孕育了京剧，京剧在地方戏中脱颖而出，并逐渐进入一个表演艺术炉火纯青的鼎盛时期。梅兰芳之前的京剧还是以生行为主的表演艺术，前有程长庚、余三胜、张二奎老生‘三鼎甲’，继有谭鑫培、孙菊仙、汪桂芬老生‘新三鼎甲’，长期称雄剧坛。梅兰芳所学为正工青衣，却不为其所拘，而是兼收并蓄，突破传统正工青衣只重唱工、不太讲究身段表情的不足，从人物的刻画和塑造出发，把花旦及刀马旦的技巧融会贯通，在京剧舞台上塑造了一批性格各异、光彩夺目的女性形象，赵艳容、西施、虞姬、杨玉环、白娘子、萧桂英、韩玉娘、穆桂英，等等，成为‘梅派’塑造的舞台代表人物。”[①]

梅兰芳在服饰上的创新不单单是服饰上的新，更是题材内容、思想观念上的新，他不仅抛弃了旧观念的美，还在自己的改革创新中解放了梨园思想，为新时代的美树立了榜样与典范。从古装新戏和时装新戏两方面探讨梅兰芳对于戏曲服饰与造型的改革创新，我们有理由相信，在京剧发展、改革的道路上，正是因为有梅兰芳这样敢于创新的艺术家才能够使京剧艺术迸发出惊人的活力。我们期待京剧在不断的改革创新中再上一个台

① 梅兰芳. 舞台生活四十年（典藏版）[M]. 长沙：湖南美术出版社，2022.

阶，迎来新的高峰。

二、脱胎于《太真外传》的《大唐贵妃》

——兼论传统京剧的现代化改编[①]

《太真外传》是梅派京剧的传统代表作。20 世纪 20 年代，梅派创始人梅兰芳“在改良《贵妃醉酒》后，对杨贵妃这个人物产生了浓厚兴趣，遂一鼓作气排演了连台本戏《太真外传》”[②]。《太真外传》以唐明皇与杨贵妃在太真观中相遇定情开篇，讲述了温泉赐浴、七夕盟誓、贵妃舞盘等故事，正当二人离而复合、柔情蜜意之时，安禄山起兵造反。马嵬兵变中，杨贵妃劝唐明皇以社稷为重，自请一死，红颜就此殒命。剧情结尾，唐明皇遥祭杨贵妃，“君妃相会在梦乡”，却是旧情难觅。在这样一部爱情悲剧中，“梅兰芳先生为杨玉环安排设计了成套唱腔、表情和身段，用来刻画她从‘入选’到‘埋玉’的兴衰过程和心情变化。他创制的‘反四平调’等大量梅派新腔声情并茂、玉润珠圆、新颖别致、曲尽其妙，将旦角艺术性提升到空前地位”[③]。

然而，由于《太真外传》装台复杂，而且要连演四本才能完整，梅兰芳在抗战蓄须明志后就没有再演出全本，更为遗憾的是这出剧目也没有留下完整的影像、音像资料。此后这部戏一直未能重登舞台，直到 1994 年梅葆玥、梅葆玖姐弟重排了全本《太真外传》，获得了较大反响。但梅葆玖希望能有一台真正体现创新、顺应时代的《太真外传》，《大唐贵妃》就是在

---

① 选自王于歌（清华大学美术学院学生）创作的《脱胎于〈太真外传〉的〈大唐贵妃〉——兼论传统京剧的现代化改编》一文。

② 吉文斌，郭祉聪. 对梅派艺术的“京戏海唱”模式的研究：以《太真外传》与《大唐贵妃》为例［J］. 衡阳师范学院学报，2017，38（4）：143-147.

③ 吉文斌，郭祉聪. 对梅派艺术的“京戏海唱”模式的研究：以《太真外传》与《大唐贵妃》为例［J］. 衡阳师范学院学报，2017，38（4）：143-147.

这样的背景下诞生了。

《大唐贵妃》作为新编京剧，在保留《太真外传》基本框架的前提下，实现了大量的突破和创新。自2001年首场演出以来，在戏曲界引起了持续性的讨论。本文试图在比较《太真外传》与《大唐贵妃》的基础上，总结《大唐贵妃》的创新之处，并进一步讨论京剧的现代化改编道路该向何处去。

由于梅兰芳早年的《太真外传》全本版本已然不存，《大唐贵妃》在之后的重排中也进行了一些改动，因此，本文将以梅葆玥、梅葆玖复排版的《太真外传》和2001年首演版《大唐贵妃》为比较对象，仅从舞台形式和剧目内容两个方面分析《大唐贵妃》新在哪里、成功在哪里。

（一）舞台形式：打破程式

1. 服饰

在服饰方面，《太真外传》基本延续了传统京剧的服饰类型。京剧的“行头”以明朝服饰为基调实体，可以表现历朝历代的人物，服饰、妆容（脸谱）与角色的身份相契合，使人一眼就能看出角色的性别、年龄、品行、社会地位等，这就是京剧服饰的程式化特点。因此，演员历来有“宁穿破，不穿错”的规矩。《太真外传》的服饰虽能让我们看出各个角色的身份，但是对于现代观众来说，这样的服饰实在有些抽象和单调。笔者认为，《大唐贵妃》在服饰方面主要进行了两点创新，使得表演更有表现力和吸引力，更适应现代舞台。

（1）更贴近唐代生活。既是演绎唐明皇与杨贵妃的故事，《大唐贵妃》在服饰上则更多地加入了唐朝的元素。例如，在“梨园知音”一幕中，上至唐明皇，下至梨园弟子，都采用了“幞头”的帽形（图6-4、图6-5），这种样式从北齐开始流行，主要用于包裹发髻，脑后有二脚，美观实用，在唐朝实现了自上而下的推广。虽然为了达到更好的舞台效果，剧中“幞头”多表现为接近后唐时期硬裹翘脚的形制，而不是盛唐流行的软裹形制，但是仍比传统服饰更能体现朝代特点。

图 6-4　唐《游骑图》中男子均戴幞头

图 6-5　《大唐贵妃》中的幞头服饰

还有一处通过服饰体现唐朝风貌的例子是杨贵妃随唐明皇出逃时所戴的帷帽。帷帽是唐朝女子常见的服饰，又称“幂篱”（图 6-6、图 6-7），通常以纱罗制成，帽檐垂下纱幕，用于掩面，这既符合时代背景，又与帝妃仓皇出逃车马劳顿的情节形成了很好的呼应，而且帷帽的样式具有美感，能带给观众耳目一新的感觉，可谓一举多得。

图 6-6　陕西礼泉燕妃墓出土唐代壁画《捧幂篱仕女图》

图 6-7　杨玉环（杨贵妃）的幂篱服饰

（2）更符合现代审美。对于与唐朝相隔一千余年的现代观众来说，若不是专门从事服饰方面研究的人，是很难说出历朝历代的服饰具体是什么样子的，对于现代人而言，舞台上的“美”高于一切。因此，《大唐贵妃》的服饰也在往这方面靠拢。

例如，在表演杨贵妃华清池洗浴的情节中，《太真外传》里杨贵妃的衣裙为单一色调的浅粉。而《大唐贵妃》的服装就要精致一些：在白色的襦裙（襦裙也是唐代女子惯穿的服饰）上细绣金色花纹，间以绿色腰封、腰带，上身衣料为半透明的纱制，在颜色、材质上都富于变化（图 6-8），更显杨贵妃的妩媚动人，随后，这件衣服还可以展开变形，做出另一种惊艳的效果。而在“梨园知音”杨贵妃跳舞一节中，她身穿的舞裙也不曾见于从前的传统京剧，甚至颇有异域风情，腕绕金铃，环佩叮当，一舞翩跹，乍然惊鸿（图 6-9）。

图 6-8　杨玉环（杨贵妃）洗浴前的服饰

图 6-9　杨玉环（杨贵妃）的舞裙

2. 舞美设计：烘托情绪，不喧宾夺主

在舞台装置与道具方面，《大唐贵妃》完全打破了传统京剧“一桌两椅”的模式，本剧一开篇，观众眼前就出现了四层云阶，使舞台从台前延伸到幕后，布置错落、应接不暇，每个平台上都有许多侍卫立于两边，场面宏阔威严，而唐玄宗就站在舞台中间，在一片交响乐中念起引子，这真是与传统京剧大不相同的、令人震撼的一幕。不过片刻，剧场的荧幕上又出现了大片大片的梨花，这当然是现代科技手段带来的革新。

其实，这样的革新在《太真外传》中已有端倪。李杨爱情故事毕竟发生于宫廷之中，这出剧目场景复杂，有宫阙、有温泉、有月下、有野外，甚至还有仙山之会，单纯通过演员的身体表现并不能很好地传达出这一切内容，加以舞美的辅助，也在情理之中。据称，《太真外传》在诞生之初就已设计了许多繁复华丽的机关布景，传达出“因情写景”的艺术理念。复排版更是借助了现代科技手段，例如在“玉贞观君妃相会”一场中，舞台上就出现了大量干冰制造的白雾，以体现“蓬莱仙岛”与人间不同的奇幻意境。因此，《大唐贵妃》在此基础上进一步运用舞美手段配合演员演出，也是情理之中的。

值得称道的是，虽然舞美如此先进、写实，但京剧中应有的程式化的动作并没有因为舞台装置和道具的介入就被消解和破坏，在一些重要情节场合，舞美仿佛完全消失不见了，演员的肢体动作仍然是表现的主体。例如，在马嵬坡前最感人至深的一场离别戏中，除了“杨贵妃撞入兵士手中的白绫”这一表现较为写实，与《太真外传》的杨贵妃仅仅是拉起白绫，并没有实际做出自缢的动作不同，其他情节的表演与传统京剧并无二致。而杨贵妃自尽之后，舞台银幕上又出现了繁茂的梨花，杨贵妃身着一袭白衣、颈绕一条白绫，缓缓走进雪白的梨花丛中，配合高力士的呼喊和主题曲《梨花颂》的背景音乐，可谓催人泪下。

（二）剧目主题：爱情至上

以现代人的眼光看来，大部分传统戏曲的爱情总是透出一丝莫名其妙的味道，李杨的爱情更因存在一层“帝妃”的特殊身份而一直被古往今来的人们反复讨论。唐玄宗究竟是为了保命而舍弃爱妃的负心汉，还是“爱美人不爱江山”的深情君主？杨贵妃究竟是魅惑帝王的“红颜祸水”，还是为国为情甘愿牺牲的魄力女子？不同剧作者、不同观众可以解读出无穷的可能。笔者认为，在《大唐贵妃》的演绎中，创作者更突出地表现了唐玄宗深情的一面，这在《太真外传》乃至李杨爱情最原始的文本《长恨歌》《梧桐雨》《长生殿》中都是不得见的。比起前人在撰写故事时着力抒发的盛衰之感与政治讽刺意味不同，《大唐贵妃》将剧情侧重点放在二人的爱情之上，这也更符合现代人“解放性情”“自由恋爱”的思想观念。

为了突出李杨爱情在剧目中所占的比例，与《太真外传》相比，《大唐贵妃》删减了不少与二人爱情无关的戏份，又增加了许多推动二人感情发展与升华的戏份。例如华清温泉一节，《大唐贵妃》删去了唐玄宗几次意欲偷窥杨贵妃洗澡的部分，反而大书特书唐玄宗送给杨贵妃“金钗细盒”作为定情信物的情节，还要特别强调这是“先母遗留”。因此具有特别的含义，相较之下在《太真外传》中，唐玄宗赠钗的戏份显得较为随意。在后续的剧情中，《大唐贵妃》也没有遗忘这支象征二人真情的金钗，杨贵妃在自缢前，特意嘱咐高力士要在她入殓时将这支“圣上恩赐的信物”放在她的胸前，这一细节再次体现了李杨爱情的至死不渝。

除此之外，《大唐贵妃》还有不少剧情体现了唐玄宗追求爱情的主动性。例如，在“长生殿上”一场中，李杨刚刚闹了别扭分居两地，到了七夕，杨贵妃月下乞巧，唐玄宗赶来相会，面对许久未见的佳人，唐玄宗在怜惜之余以一段“西皮原板”剖白心意：

劝妃子休得要珠泪盈眶，
听孤王把前情细说端详。
都只为那后宫蜂狂蝶浪，
一时里鬼使神差我颠倒衣裳。
那一日贤爱妃把理来讲，
孤不该性鲁莽将你逐出宫墙。
劝妃子尚念在梨园绝唱，
劝妃子宽恕我酒后癫狂。
劝妃子在西宫病榻静养，
劝妃子将愁闷付与汪洋。
今夜晚再盟誓诚对月朗，
孤与你同偕老地久天长！

这段“西皮原板”为《大唐贵妃》原创，唐玄宗先是解释前情，对杨贵妃认错，然后诉说两人“梨园绝唱”的甜蜜过往，祈求杨贵妃的原谅，最后再发誓愿，希望与杨贵妃白头偕老、一生一世。面对此情此景，杨贵妃怎能不感动？随后唐玄宗扑通跪倒对天发誓，更是触动了杨贵妃的柔情。《太真外传》则没有唐玄宗解释、道歉等情节，仿佛二人直接重归于好，盟誓的部分也稍显拖沓。可以说，至少在处理二人感情方面，《太真外传》不如《大唐贵妃》刻画得细腻。

在“魂断马嵬”一场中，唐玄宗对杨贵妃的爱得到了最明确的表现。当时杨国忠被杀、众将士逼宫，在面对一片“不杀杨贵妃决不护驾”“不杀杨贵妃决不开拔”的呼声之时，唐玄宗以一段与陈元礼对唱的“西皮快板”表明立场，揽罪于己身，积极为杨贵妃辩护脱罪，虽然《太真外传》中也有类似的表达，但只是通过念白来表现，感染力要减弱很多。

李隆基：陈元礼！
身为龙武大将军，
纵容造反罪非轻。
娘娘向来不参政，
为何要杀无辜人？
陈元礼：人言可畏天下论，
引荐国忠罪非轻。
她认禄山为义子，
还以声色惑人君。
李隆基：君叫她认能不认？
声色难弃是她身。
国舅封相错在朕，
说起来孤是惹祸的根。
陈元礼：根在杨门多放任，
天下怒怼裙带亲。

杀了娘娘军心稳，
李隆基：稳了你心痛我心。
陈元礼：心上加刀必须忍，
李隆基：忍了怒气威不存。
陈元礼：存亡攸关定要斩，
李隆基：斩我爱妃万不能！

即使如此义正词严，众军的反对声浪仍然一波高过一波，于是唐玄宗第二次发出通牒："若杀娘娘，军法从事！"甚至动手杀了一名将领，然而将士们还是抗旨，甚至以自刎来逼迫唐玄宗，局面一时僵持。

打破僵局的是一声"杨玉环愿死"。

千钧一发挺身往，唯有一死救危亡！万岁啊，
社稷为重，私情事小，
切莫要为保罪妾毁大唐！
适才间见万岁冲天怒，
我，我，我纵然赴汤蹈火也要报偿，啊，
我的三郎啊！（抽泣）

听了此话，唐玄宗进行了第三次抗争，也是最坚决的一次抗争："这个皇帝做不得了！爱妃，我们走！"

之前，唐玄宗尚且摆出皇帝的架子对众人发号施令，这里竟是完全不顾一国之君的身份想要与杨贵妃私奔——江山与卿难两全，那么宁愿为卿舍江山。虽然最后二人仍然是阴阳两隔未能遂愿，但此刻唐玄宗的真心与决心却是不可忽视的。前后三次推拉渲染，将观众的情感推向极致，紧随其后的全剧高潮，也就是杨贵妃自尽一幕，自然会引起观众强烈的共鸣。

再看《太真外传》，从逼宫到自尽之间的剧情平铺直叙，几乎没有情感过渡，使唐玄宗的悲痛有种“猫哭耗子假慈悲”的嫌疑。

《大唐贵妃》中还有许多细节体现出李杨爱情的真挚与宝贵，虽然受限于历史记载和前人创作，我们不能说这段爱情是从一而终、全无瑕疵的，但是《大唐贵妃》已经尽力将之升华到了一个崭新的高度，从网络反馈来看，相比于“君王无情”，观众显然更喜欢一个“此生只为一人去，道他君王情也痴”的有情有义、有血有肉的唐明皇。

此处，还应讨论一下《大唐贵妃》对剧情节奏的处理。梅葆玥、梅葆玖重排的《太真外传》已精简了梅兰芳版本的内容，全本演完仍要花上三个多小时，《大唐贵妃》能在大量增加爱情戏份的同时缩减演出时间，得益于编剧时对于节奏的把握。例如，《太真外传》第一场是“太真观定情册封”，叙述了李杨相遇相识的过程，《大唐贵妃》将其完全删去，在剧情开始时杨玉环便已是唐玄宗的妃子，更便于观众将注意力放在之后更跌宕精彩的剧情上。

然而，唯一旁逸斜出的剧情是，“长生殿上”一场加入了另一出梅派巨作《贵妃醉酒》中最著名的一段“四平调”——“海岛冰轮初转腾”，这应当是为了纪念、致敬梅兰芳先生，但是这段唱词却不甚符合《大唐贵妃》中此时杨贵妃的情绪，处理略显生硬。2019 年，《大唐贵妃》也迎来了重排，这次重排保留了“四平调”的唱段，却对唱词稍加改动，使其能够更恰当地表现杨贵妃的心理状态。由此可见，梅派艺术正是在自我革命、推陈出新的基础上不断向前发展的，在这个过程中，我们能够看到一代又一代京剧传承者的情怀与坚持。

（三）传统剧目的现代化改编策略

《太真外传》是一部剧情丰富完整、舞台表现力十足的剧目，本文着力于分析《大唐贵妃》的创新之处并不意味着对《太真外传》的否定，而是认为《大唐贵妃》另辟蹊径的创举或许能为后来者所借鉴。下面，笔者试图根据从《大唐贵妃》中总结出的经验，为传统剧目的现代化改编提出一些建议。

1. 剧本内容体现现代性

中国戏曲源远流长、博大精深，京剧作为我国国粹，在将近二百年的发展中更是涌现了无数经典剧目。然而，随着时代的发展，今天的观众在生活环境、价值观方面注定会与古代观众产生一些隔阂，有些戏曲中体现的“愚忠”“愚孝”等封建思想也早已过时，如何汲取传统剧目中的有益因素进行改编与创新，是一个需要当代创作者思考的问题。

在剧目中体现现代性，不一定是用戏曲的形式表现现代故事，也不一定是将戏曲中的古韵唱词改为现代白话，《大唐贵妃》并没有完全抛开传统讲述另一个李杨爱情故事，而是几乎保留了全部经典唱段，这部剧只是将唐玄宗、杨贵妃两个主角的戏份稍加改造，就扭转了不少观众对他们传统形象的刻板认识。比起封建礼教对人的束缚，观众更希望看到对人伦情感的关怀。同为流传至今的传统经典剧目，《赵氏孤儿》是否可以增加一些程婴与妻、子互动的戏份，让观众感受到他在“忠义”之外的柔情，更深切地明白他的纠结与痛苦？《凤还巢》是否可以增加一些众人与雪雁的互动或是雪雁的独白，让观众看到丑角内心也有不为人知的一面？在古人眼中，戏曲人物代表的是精神象征、是文化符号。然而，当今的观众大概更愿意把他们当作一个个鲜活的人，或许这是现代化创作的一个可行方向。

2. 舞台表现与现代接轨

《大唐贵妃》最引人注目的一点就是对于舞台表现的创新，无论是歌舞演员阵容的扩大、交响乐的大量使用、舞美形式的多样化和现代化，都完全打破了传统京剧的表演形式，这对于喜爱传统戏的票友来说无疑是个不小的打击。但是不可否认的是，《大唐贵妃》在弘扬京剧文化方面起到了非常积极的作用，甚至在世界范围内引起了不小的反响，归根结底，就是因为这部新编戏的舞台表现与现代充分接轨。

载歌载舞的表演使舞台呈现更加活泼，尤其梨园子弟杂耍、唐玄宗击鼓一段，几乎全部是原汁原味的京剧表演，只不过是从其他剧目中搬运而来再进行综合的结果；交响乐虽然与传统京剧伴奏不同，但编曲以中国乐器为主，无损于传统文化的内核，而且在演员开口唱戏时，交响乐几乎不会出现；“轰动一时的主题曲《梨花颂》是歌非戏，却运用了大量传统的唱腔、行腔、板腔，经由梅派传人唱来，吐字、咬字、润腔更是有着浓郁的梅派特色”[①]；又正如前文所述，现代化舞美只提供大略的环境与氛围，并不影响演员通过他们的肢体语言来表现虚拟的形象……《大唐贵妃》的舞台改编犹如在钢丝上行走，却没有行差踏错的地方。

中国戏曲擅长造境，讲究虚实相生，即“实景清而空景现，真境逼而神境生”，京剧创新应当反对的是用道具让演员被迫放弃程式化的动作、陷入现实化表演的困境，或是通过不必要的舞美破坏表演的意境。例如，京剧程式中明明有简单易懂的开门、进门动作，《赤壁》还要特别制作一个真实的门供人出入，令人费解；《帝女花》中“落花满天蔽月光”一句只是起兴，目的是营造出凄凉哀婉的气氛，实际上并不用下一场真实的花雨，这样反而起到“1+1<2”的效果。在进行舞美设计时也应考虑到京剧虚拟性、程式化的表演特点，平衡好虚实关系。

（四）小结

梅派新编戏《大唐贵妃》在传统与现代之间架起了桥梁，大胆地对传统经典《太真外传》进行了从内而外的创新，无论是服饰的改良还是现代舞美的运用，都能带给观众全新的视听体验。在剧情方面，《大唐贵妃》重新诠释了李杨爱情，树立了一个更痴情、更坚强的唐玄宗的形象，通过各

---

① 付泉鑫. 吐字、润腔和板腔技巧在京歌《梨花颂》中的运用［J］. 戏剧之家，2021（29）：44-45.

种情绪渲染手法歌颂了杨贵妃殉国、殉情的高尚品德，比传统剧本和传统戏更加感人。《大唐贵妃》为传统京剧的现代化改编提供了借鉴，我们期待未来的京剧界能够涌现出更多更优秀的作品，京剧艺术能够薪火相传、长盛不衰！

三、山河破碎义昭昭，生离死别恨悠悠

——浅析梅派代表作《生死恨》[①]

（一）《生死恨》的创作背景与主要内容

20 世纪 20 年代末，列强对我国的侵略瓜分行径愈发恶劣，面对来势汹汹的外敌，不少国人却依旧持冷漠麻木的态度，一向忧国忧民的梅兰芳将这一切看在眼里，急在心中。为了尽可能地激起人们心中的爱国热情与同仇敌忾之心，梅兰芳萌生了推出一台新戏的想法，他与齐如山讨论后，决定将明代董应翰所作传奇《易鞋记》进行改编搬上戏台，后因剧本内容过于冗长而一再搁置。时间来到 1931 年，九一八事变爆发，梅兰芳为避战乱不得不举家迁往上海，一路上，他目睹山河破碎、至亲离散奔波的局面，曾经搁置的改编新戏的想法再度浮现在他脑海之中。“经过五年的剧本打磨、戏词推敲，剧本里原本繁杂的枝叶被一一剪去，剧名更改为《生死恨》，篇幅也由原本的 31 场缩短为 21 场，首演在上海天蟾舞台进行，连开三场，火爆异常。”[②]

《生死恨》由明代传奇《易鞋记》改编而来，在梅兰芳的指引授意下，为了达到唤醒国人爱国之心与同仇敌忾之意的目的，创作者们对原本的故

---

① 选自刘晨雨（清华大学行健书院学生）创作的《山河破碎义昭昭，生离死别恨悠悠——浅析梅派代表作〈生死恨〉》一文。

② 王永运. 梅兰芳的爱国名剧《生死恨》：由舞台到银幕［J］. 中国京剧，2007（7）：30-31.

事情节进行了数轮删改，变成了我们如今所熟知的版本：北宋末期，金人大举南犯，金国将领张万户先后将宋人程鹏举、韩玉娘抓掳为奴，为了软化程鹏举的心志令其衷心归降，张万户勒令程鹏举、韩玉娘结为夫妻；在成婚当晚，韩玉娘动之以情晓之以理，力劝程鹏举勿忘家国大义，早日逃回故土，然而由于误会，此事很快被张万户知晓，程鹏举、韩玉娘被迫生离，在夫妻痛苦分别之际，程鹏举遗留下了一只鞋子，被韩玉娘拾起；此后数年，韩玉娘辗转流离，历尽磨难，程鹏举则投军献图，建功立业，官至襄阳太守，程鹏举思念妻子心切，便使下属赵寻带着另一只鞋四处寻找，途中意外碰到了寄居义母家中的韩玉娘，韩玉娘见到鞋子，悲痛骤然而至，一病不起；等到程鹏举闻讯找到韩玉娘时，分别多年的二人只来得及互诉寥寥几语，韩玉娘便因常年磨难与大悲大喜，憾然离世，夫妻顷刻生死两离分。

（二）《生死恨》中的表现手法

1. 对比衬托——绘就百态，警醒世人

在《生死恨》这出戏中，创作者设置了许多人物对比、衬托情节，不只是核心人物韩玉娘与程鹏举的对比，更有程鹏举、瞿士锡与义母李氏之间的正衬与反衬。在面对国仇家恨时，人与人之间的态度观点、行事方法形成鲜明对比，这使得剧中人物形象更加饱满立体，而观众也更容易从剧中的是非里找到自己态度的剪影，获得更真切的代入感，从而结合时局反思自己的选择，激起胸中不畏强权的爱国之志，而这恰恰是梅兰芳编创此戏的初衷。

首先是剧中核心人物韩玉娘与程鹏举思想观念的对比：二人都是被金将张万户抓掳的奴隶，张万户欣赏程鹏举的才干，为了使程鹏举安心归降，便强迫韩玉娘与程鹏举成婚。新婚当晚，程鹏举面对被强迫的韩玉娘，或许是一时的安耽懈怠，或许是为了麻痹可能在暗处的张万户耳目，向韩玉

娘道："不想今日成此患难的姻缘，你来看，这中秋月色分外光明，也可以算得是花好、月圆、人寿了哇！"韩玉娘闻此不禁摇头叹气，紧接着便是一段西皮流水板："说什么花好月圆人亦寿，山河万里几多愁！……故国月明在哪一州！"这一段唱铿锵有力，掷地有声，一字一句问进程鹏举的内心：寇似豺狼肆意侵犯家园，你却忘记了故国月明，只管埋头享受短暂的花好月圆。梅兰芳等创作者借助韩玉娘之口，强硬地反驳了程鹏举贪图眼前安乐、遗忘国仇家恨的态度，更是在戏台上以一语点醒观众：在山河破碎的大环境下，不要像程鹏举那样被眼前的暂时太平迷乱了心志，否则消极麻木中的"花好月圆人亦寿"，到头来终将成"花残月冷人飘零"。

其次是程韩（程鹏举、韩玉娘）二人行事的对比：在韩玉娘一番诚恳真切的劝说后，程鹏举本已心念大动，然而他转念又开始怀疑韩玉娘是张万户派来试探自己的奸细，"大事从来须缜密，防人暗算用心机"一段西皮摇板的唱词将程鹏举谨慎多疑的形象刻画得淋漓尽致。韩玉娘本以为程鹏举心志坚定可以敬重，于新婚当夜诉说肺腑之言劝其归国，一腔真挚无比坦诚，然而事与愿违，程鹏举的多疑和小人二老爷的卑鄙窃听将程韩逃跑的良机断送，同时还令张万户起了疑心，最终生生拆散了夫妻二人，间接导致了韩玉娘流离半生的悲惨命运。在这样一段误解、猜忌与阴谋交织的故事情节中，韩玉娘坦诚真挚的爱国之心在他人衬托下皎如明月，昭昭映亮了程鹏举在敌营麻木安耽、谨慎多疑的内心世界，激发出他深埋于心底的国仇家恨与不屈斗志。这样的对比对于当时的观众而言，又何尝不是另一种直达心底的震撼与警醒：身在敌营，精神上需要克服的不仅是麻木安耽，更有多疑猜忌；当面对坦诚的爱国情感与不可错失的良机时，看似成熟的"三思后行"极有可能会断送原本的希望，从而带来终身无法弥补的遗憾与痛苦。

除了核心人物程韩二人之间的突出对比，综观《生死恨》全剧，程鹏举、瞿士锡与义母李氏之间也互为正衬、反衬，共同绘织了金人南犯背景下的宋人众生百态图：本为官员之后的程鹏举不幸被掳至金地，虽心向故国未忘诚志，但由于一时的多疑猜忌，错失了与妻子一同逃离敌营、成家建功的良机，经历了与韩玉娘分别的巨大痛楚后，他痛定思痛连夜逃回故土，立志击退金兵；而瞿士锡是北宋的商人，他本打算花大价钱娶韩玉娘做继妻延续香火，但在听了韩玉娘的泣血表白后，心酸难忍、仗义相助，不仅没有以金银之事为难韩玉娘，还主动将她送到了相对安全的尼姑庵，与程鹏举不同的是，他几乎没有丝毫的怀疑猜忌，只凭一腔仗义行事，不计个人利益得失，向当时浮萍一般的韩玉娘伸出了援手；而义母李氏的身世则更加凄苦，她先夫早丧，两个儿子也都已经为国尽忠，在遇到同样悲惨的韩玉娘之后，她与瞿士锡一样没有丝毫犹豫地帮助了眼前这位可怜的女子，二人结为义母女，相互扶持、患难与共。

《生死恨》在其主要篇幅中，通过韩玉娘的视角向我们展示了时代大背景下宋人的不同命运与不同选择，使得全剧架构设定更为完整可信；与此同时，观众也能够从形形色色的人物中找到自身的剪影：无论是韩玉娘的一腔赤诚、家国大义，还是程鹏举的先迟疑后坚定、商人瞿士锡的无私慷慨，抑或是义母李氏的凄惨命运，都很容易引起当时台下观众的共鸣。人生如戏，戏如人生，此时此刻饱受摧残的中华大地，正如彼时彼刻飘零的北宋，观众在跟随台上名角沉浸戏中时，必定会参与到这场跨越时空的对比当中，在各色人物行为态度的衬托里，重新审视思考自己的所作所为，从而大有觉悟。

一言以蔽之，以梅兰芳为首的创作团队以戏为载体，精心设定了各色人物，使他们的一言一行互为衬托，从而警醒世人，重申了国仇家恨前的大是大非，激起观众的爱国之情与同仇敌忾之志，这正体现了艺术与家国大义之间的高度统一。

2. 虚实结合——离恨悠悠，一梦黄粱

“夜纺”无疑是《生死恨》里的一出重头戏：深夜里纺机旁，伴随着从

初更到四更的鼓声，韩玉娘的心绪由自怜身世转到对程郎（程鹏举）的哀怨，又转为激昂开解，只愿丈夫杀敌报国，别无他求，而最终万千愁思又都化为了担心丈夫将自己遗忘的怅惘落寞。她浅浅睡去，在梦中见到了程鹏举锦衣高冠来接她一同上任，醒来才发觉是黄粱梦一场。日有所思，夜有所梦，虚实结合，如真如幻，戏台下的观众也跟随韩玉娘一起体味着无限的忧愁离恨，感受着梦醒时分的凄凉落寞。

在这场戏中，梅兰芳的琴师徐兰沅独辟蹊径，舍弃了一般成套的唱腔程式，设计出一段由一句二黄导板、四句二黄散板、一句碰板回龙腔、二句二黄慢板、七句二黄原板和最终一句二黄散板组成的大段二黄唱腔，使得整段唱缓急相间、整散错落相宜，新颖别致，令人听来耳目一新。

与此同时，唱腔设计也巧妙地配合了戏词含义与人物情绪。从整体来看，这段戏的情感基调以悲哀凄凉为主，所以选用二黄唱腔是最为合适的。从情感递进来看，开场即是韩玉娘的一句凄凉哀切的抢头："天哪，天！想我韩玉娘，好命苦哇！"由低哀沉寂转为高亢凄凉，一下子便将观众拉近了那个对于韩玉娘而言无比悲哀孤寂的夜晚；紧接着便是一句二黄导板"耳边厢又听得初更鼓响"，这一句梅兰芳唱得悠长婉转更平添忧伤落寞；而接下来的四句二黄散板，慢弹慢唱的特点正适合此时韩玉娘深夜感怀、自诉凄苦身世的境况；下面一句回龙腔"又谁知一旦间枉费心肠"与两句慢板"到如今受凄凉异乡飘荡，只落得对孤灯独守空房"，情绪渐渐转为高亢哀怨，在梅兰芳精湛的表演加持下，韩玉娘对丈夫又怨又思的情绪如潮水般向观众倾泻而来；之后便来到七句原板，前四句"我虽是女儿家颇有才量，全不把儿女情挂在心旁。但愿得我邦家兵临边障，要把那众番兵，一刀一个斩尽杀绝，到此时方称了心肠"，这一段唱铿锵有力、激昂顿挫，此时此刻韩玉娘的形象不再只是简单思念丈夫的哀怨妻子，更是一位胸怀家国大义、是非分明的有志女子，相对积极高昂的情感也与节奏较快的原板相得益彰；而后三句"恨只恨那程郎把我遗忘，全不念我夫妻患难情长。到如今只落得空怀怅惘”则是激昂抒发后的怅然若失，与最后一句散板“留下这清白体还我爹娘”一起，将韩玉娘历尽磨难后的绝望凸显得淋漓尽致。在这段唱中，词、曲、演三者相辅相成，尽抒韩玉娘心中的无限离恨。

之后便来到了更令人叫绝的部分，凄凉夜诉后，韩玉娘在梦中见到了锦衣华服来接她上任的丈夫，无比欣慰的启程，然而一朝梦醒，苦难从未离去，希望转瞬熄灭，凄苦异常。在这一段中，以梅兰芳为首的创作者们从昆曲艺术中汲取精华，将人物的梦境与现实完美交织。场面奏〔万年欢〕曲牌，万年欢，半生恨，黄粱梦中的无限欣慰喜悦，只能为梦醒时分带来更强烈的凄酸苦楚。

（三）《生死恨》中韩玉娘的悲剧命运及其意义

综观全戏，韩玉娘的一生饱受波折凄苦，这一点可以从最后一场戏“重圆”的唱词中看出：身染重病的韩玉娘在见到心心念念的丈夫之后，大悲大喜，突然昏死过去，醒来却仿佛中了魔障，口中虽是谵语，却完整道尽一生凄凉。她一会儿向张万户急急分辩自己没有劝说丈夫逃走，一会儿惊惧地大喊着要躲避凶狠的敌人，一会儿又连连哀求淫尼放过自己，一会儿又对着虚无哭诉为何要将自己卖给无良的胡公子。在即将可以随着丈夫一同赴任，从此迎来灿烂未来的时刻，可怜的韩玉娘却因为早年的折磨，失去了与爱人长相厮守的机会，她所经受的苦难已变成了一个长满荆棘的樊笼，拖曳着她、囚困着她，最终坠落黄泉。

在中国传统戏曲中，为了达到使观众娱乐放松的目的，戏曲创作者们往往会设置大团圆的剧情，以确保观众获得愉快的观戏体验。例如，《王宝钏》中的王宝钏寒窑苦守十八载，历尽艰辛换得夫妻团圆；《窦娥冤》中窦娥的亲生父亲得封高官，最终为女儿沉冤昭雪。巧设剧情，让观众心满意足、不留遗憾地离开剧场似乎是创作者们不约而同的做法。

但《生死恨》这部戏剧却尤为特别，它是很少见的以悲剧为结尾的作品。韩玉娘一生凄苦，满怀高义，按照传统逻辑本可以安排一个夫妻二人欣喜相逢、双双赴任的结局，然而以梅兰芳为代表的创作团队并没有这样做。在他们的精心设计下，韩玉娘没有获得一个世人眼中完满的结局，而是带着激昂高义与无限离恨遗憾病逝，这无疑会在观众心中留下不可磨灭的深刻印象，从而激起更加强烈的爱国之心与同仇敌忾之意。“与此同时，这样令人意难平的结局，跳出了传统戏剧追求大团圆的窠臼，将悲剧色彩渲染到极致，展现出了梅兰芳先生等人高超的艺术水平与独到的见解思考，更向世人证明了梅派不是只以大气华美见长，而是也可以做到悲情浓郁、韵味悠长、直击人心。”[①]

悲剧是将美好的东西毁灭给人看。在当时的时代背景下，《生死恨》这出戏的上演引发了观众的强烈共鸣，戏中韩玉娘满怀家国大义的不屈意志与一生凄苦的悲剧命运深深触动了人们，梅兰芳心愿得以完成。谁说戏子无情义，一曲唱罢激热忱，梅兰芳用自己的一腔热血与高超的艺术水平将京剧与国家命运深切结合，唤醒了无数侵略者暴行下沉迷麻木的中国人，可歌，可敬！

四、戏中人已醉，戏外人更痴

——浅析京剧《贵妃醉酒》中美的表达[②]

电视剧《鬓边不是海棠红》中的程凤台看了商细蕊的《贵妃醉酒》一戏后不禁发出这样的感叹：“戏台上短短几折，商细蕊载着杨贵妃的魂，亦

---

① 戈宝栋. 一曲唱出了大地的呻吟：忆梅兰芳《生死恨》[J]. 中国演员，2015（5）：53.

② 选自张梓琪（清华大学经济管理学院学生）创作的《戏中人已醉，戏外人更痴——浅析京剧〈贵妃醉酒〉中美的表达》一文。

歌亦舞，踽踽独行，岁月都在他的袖子里，一抛水袖一声叹，演的人痴了，看的人醉了，台上的人不知自己身在戏中，台下的人不知自己身在梦里。”从这段独白中足以见得《贵妃醉酒》强烈的艺术表现力与美的震撼力。笔者也有幸在“京剧与中国传统文化”的课堂上跟随老师欣赏了《贵妃醉酒》一戏，仿佛跨越了千百年的时光得以窥见杨贵妃的妩媚神采。初次欣赏不解其中味，却懵懂地被其艺术表现力打动了，而愈是细细品味就愈是能更深入地体会这部经典剧目的韵味和内涵。京剧艺术与其他艺术一样，其核心是表现美，以美的艺术形态与内涵勾连观众的情感，使之在寓教于乐中完成精神培育。笔者将以《贵妃醉酒》为例，阐述剧目中对艺术之美的独特表达。

《贵妃醉酒》又名《百花亭》，是一出单折戏，故事取材于唐玄宗李隆基和杨玉环的爱情故事。后经梅兰芳加工点缀、表演而广为人知，成为梅派代表剧目之一。《贵妃醉酒》主要讲述：唐明皇与杨贵妃相约在百花亭赏花饮酒，次日杨贵妃在百花亭备齐御筵恭候唐明皇，却迟迟不见唐明皇的身影。忽报唐明皇去了梅妃宫里，杨贵妃听闻顿感幽怨懊恼，郁闷之情一时无法排遣，于是便以酒浇愁，醉意渐浓、醉态渐生。等到夜深酒意将尽时才带着怨恨怅然的心情，被宫女们搀扶回宫。整个剧目的情节颇为简单，没有跌宕起伏、扣人心弦的情节。但就是这简单的情节，却何以成为经久不衰的经典呢？答案要从其美的表达说起。

1. 形态之美

《贵妃醉酒》的第一美在于形态之美。如果说京剧的内涵需要反复地品味理解，那么一部戏的妆容、服饰、唱腔、身段等，就能够在视觉、听觉上直观地让人感受到美的冲击。《贵妃醉酒》中杨贵妃的行头雍容华贵，大气磅礴，非常吸引人的眼球。杨贵妃身着的蟒袍以明艳的红色和黄色为主，并绣有凤凰、牡丹的图案，象征着杨贵妃尊贵的身份。杨贵妃头戴凤冠，上身配以云肩，腰挂玉带，下身系裙。云肩常用四方四合云纹装饰，以彩锦绣制而成，雍容华贵的服饰给观众良好的审美体验。好的京剧表演艺术家都会追求戏服上一针一线的完美无瑕，因为只有穿着到位了，才觉得自己此刻就是戏中人。《贵妃醉酒》的唱腔有着丰富的意韵美，运用了“四平调”又称“平板二黄”。“梅兰芳先生的嗓音纯净饱满、甜脆清亮、字正腔圆，唱腔清丽舒畅、情感丰富，具有从容含蓄的梅派韵味，无论是细腻婉转还是慷慨激昂都十分富有感染力。”[①] 韵味是语言美和旋律美的完美融合，韵律美是由戏曲化的唱歌技巧创作出来的声乐最高的形式美，也是戏曲演唱的最高境界。动作语言也是塑造人物、表现情感时必不可少的一环，梅兰芳充分运用肢体语言将杨贵妃的微醺、沉醉、嗅花、云步等状态表现得栩栩如生。一招一式之间细致入微地刻画了杨贵妃醉酒的动态美，也充分彰显了舞台表演艺术的魅力，让观众从形式上直观地感受到美对心灵的洗涤。

2. 化俗为美

《贵妃醉酒》的第二美在于化俗为美。旧戏的情节中有许多妃嫔争宠、逸闻轶事的内容，唱词和动作也不乏色情和淫乱，不免给人一种低俗之感，不登大雅之堂。而梅兰芳认为演戏“必须演得恰如其分，不能过火。要顾到这是宫廷里一个贵妇人感到生活上单调苦闷，想拿酒来解愁，她那种醉态，并不等于荡妇淫娃的借酒发疯”[②]。秉持着“表演不能做过了头，走上淫荡的路子”的观念，梅兰芳在旧戏的基础上取其精华去其糟粕，精炼了情节，删减了许多唱词，对动作重新进行了设计，让整部戏脱去了粗俗之感而变得雅致起来。在旧戏中有这样一段唱词：“安禄山卿家在哪里？想当初你进宫之时，娘娘是何等的待你，何等爱你，到如今你一旦无情忘恩负义。我与你从今后两分离。”逸闻中记载杨贵妃与安禄山关系暧昧，而这段

---

① 任莉. 京剧《贵妃醉酒》与民族歌曲《贵妃醉酒》声韵美之比较［J］. 艺术教育，2011（9）：2.

② 梅兰芳. 梅兰芳回忆录［M］. 北京：团结出版社，2006.

唱词也以表明杨贵妃的淫乱来吸引观众的眼球，这与梅兰芳改动后的整部戏的基调不符，所以他把这段老词删掉，反而更能突出杨贵妃在剧中的艺术形象。除此之外，旧戏中还有不少杨贵妃酒后思春，与高、裴力士调情的情节。梅兰芳坚决地删除了这些，转而突出了杨贵妃端庄美丽、雍容华贵的形象，由醉酒的淫荡转为醉酒的美态，既带给观众美的享受，又符合杨贵妃宫廷贵妃的尊贵身份。此为对作品进行思想品格上的提升，为表演和整部剧的完成奠定更好的基础。梅兰芳在回忆录中说道："我们不能因为有这一点缺憾，就不想法把它纠正过来，使老前辈们在这出戏里耗尽心血，创造出来的那些可贵的舞蹈演技，从此失传。"① 梅兰芳对艺术的坚持和追求让笔者深受感动。梅兰芳对这部戏改编的过程是去芜存菁的过程，也是对艺术作品再创作的过程。如果说京剧的表演是把艺术之美传递给观众，那么创作过程就是表演的前提和根基，只有创作的基调不偏移，传递给观众的情感和价值才能经久不衰。梅兰芳的改编体现了他的艺术精神及其对京剧艺术的尊重，只有在继承传统的基础上发展创新，继往开来，才能赋予美永不凋零的震撼力。

3. 化丑为美

《贵妃醉酒》的第三美在于化丑为美。提起醉酒，人们往往会联想到现实生活中的酩酊大醉、一片狼藉的场面，醉态也显得有些狼狈。但梅兰芳追求的是表演中的姿态美，而非刻板地还原现实生活中的场景。谈及《贵妃醉酒》，他说："他们认为喝醉酒的人，实际上是呕吐狼藉，东倒西斜，令人厌恶而不美观的。舞台上所表演的醉人姿态，是象征的刻画，应该着重在姿势的曼妙，歌舞的合拍，使观众获得美感。"② 梅兰芳通过京剧特有的艺术化表达纠正了醉酒这一核心情节的非艺术化倾向，通过象征和虚拟化的手法赋予了醉酒这一状态以美的形式。优美的动作是化醉酒之丑态为

① 梅兰芳. 梅兰芳回忆录［M］. 北京：团结出版社，2006.

② 梅兰芳. 梅兰芳回忆录［M］. 北京：团结出版社，2006.

美的载体，“繁重的舞蹈举重若轻，像衔杯、卧鱼、醉步、扇舞等身段难度甚高，演来舒展自然，流贯着美的线条和韵律”[①]。比如其中醉步的表演——演员头部微微晃动，身体左右摆动，既要显示出人在酒醉中站立不稳的状态，又要在一举一动中尽显优雅，因此，演员表演时动作不可太过夸张，否则会令人不适。梅兰芳通过这些艺术化的动作表演，化形象为意象、化程式为个性、化丑为美，在曼妙的舞姿中把杨贵妃的美艳娇柔同时内心又寂寞空虚的形象诠释得栩栩如生。艺术源于生活却高于生活，被抽象化、虚拟化的部分恰恰是京剧的艺术之美，而拘泥于一举一动的相似则是忽略了艺术的意义。正所谓“立象以尽意”“尽意而象可忘”，京剧艺术的表达是对生活的提炼和升华，从而达到“言有尽而意无穷”的意境美。衔杯、卧鱼、醉步、扇舞等动作的设计和整部曲目的情感内涵融为一体，这些高超的技艺表现了梅兰芳在艺术上的境界和修养。正如《庖丁解牛》中所言：“臣之所好者道也，进乎技矣。”[②] 梅兰芳追求的艺术的精神境界反映在表演技艺上，便是妩媚的舞姿带给观众的美的体验，而欣赏这部作品的观众也能从歌舞的表演中窥见梅兰芳深厚的艺术之道。

4. 寓情于美

《贵妃醉酒》的第四美在于寓情于美。整部曲目围绕着“醉”这一核心展开了四段情绪变化，通过歌舞并重的方式把杨贵妃细腻的情绪融入表演的美感中。第一阶段是前醉，剧目的开场伴随着“海岛冰轮初转腾”的唱词，杨贵妃华丽地出场亮相，其排场之大展现出雍容华贵的贵妃娘娘的形象。经过玉石桥，来到百花亭，途中杨贵妃看到了桥下的金鱼、空中的飞雁、皎洁的月光、艳丽的花朵。中国人形容女子的美丽常用“沉鱼落雁，闭月羞花”，而杨贵妃一路走来的唱词也都是围绕着这八个字。一切景语皆情语，中国的艺术创作中常用比兴的手法，即借景物来达到抒情言志的目

---

① 田振. 谈传统京剧与现代京剧的舞台表演［J］. 戏剧之家，2016（24）：51.

② 孙通海. 庄子［M］. 北京：中华书局，2007.

的。杨贵妃所唱之景一方面暗示着景色的美丽，另一方面也暗示着杨贵妃的美貌。此时杨贵妃的心情是喜悦的、满怀期待的，此时的杨贵妃是倾国倾城的贵妃娘娘、是拥有皇帝百般恩宠的妃子。第二阶段是微醉，转折点是高、裴力士禀报唐明皇“转驾西宫”，杨贵妃听闻后神态立马转变。开始她微露怨恨，产生嫉恨梅妃的心情，而后恐旁人说笑，于是压制住内心的醋意，表面故作镇定，以维持贵妃娘娘的形象。这一段表演彰显了杨贵妃内外情绪的变化，富有感染力。第三阶段是沉醉，杨贵妃转场赏花，开始借酒浇愁。从开始的掩袖而饮、缓缓下咽，到不掩袖痛快地饮，再到仰头一饮而尽，将内心失望、愁苦、孤独、幽怨的复杂心情层层揭开。其中舞台语言的表演是整部曲目的点睛之笔，醉步、卧鱼、三进酒、三衔杯，优美的身段表演仿佛在诉说着杨贵妃内心的细腻的情感。比如对于卧鱼这一身段表演，梅兰芳这样说道：“上身把左手扬起向外翻袖，右手伸开也向外翻袖，下身抬左脚儿后面绕到右脚之右，慢慢往下蹲到地，再用左手反回来，做出攀花而嗅的样子，嗅完了，还要把花枝放回去，这才慢慢起来。”[①]三次卧鱼伴随着攀花枝、嗅花的动作，写实又写意，仿佛花就在眼前，表演得惟妙惟肖。沉醉后的杨贵妃欲与唐明皇说话，见空椅才意识到唐明皇没在，身边的景色如此美丽却无人分享，是更深一层的孤独，也正应了那句“原来姹紫嫣红开遍，似这般都付与断井颓垣”“良辰美景更与何人说”。这段技艺与人物情感高度结合的表演将杨贵妃从初醉到醺醺醉意、从压制自己内心的苦闷情绪到渐渐释放的过程细腻地刻画了出来，让观众感受到身份尊贵的贵妃娘娘也有常人的复杂情感。第四阶段是恼醉，杨贵妃酒意渐醒，自觉刚才的失态而内心产生悔意，最后忿忿地被宫女搀扶回宫了。整段剧目轻情节、重表演，采用歌舞并重的方式将不雅的醉态升华为舞台语言，醉中见美、美中见醉，细腻的情感与美的表达水乳交融，是

---

① 梅兰芳. 梅兰芳回忆录［M］. 北京：团结出版社，2006.

京剧表演艺术的灵魂所在。对于京剧这一传统艺术与现代生活的融合，有人说："在古代题材中也存在发扬时代精神的希望——这需要在哲学的高度上认识历史与现实之间的那种共通状态。"[①]情感的表达是一个完美的桥梁，跨越了古今的界限，让古老的京剧艺术之美在当今时代焕发出了蓬勃的生机。

美是一种语言，能够跨越时间的长河和国界的阻隔。纵使有时代背景的不同、语言的不相通，《贵妃醉酒》和其他经典剧目之所以能打动古今中外的人们，是因为在于它对美的诠释与表达契合了人类共通的审美追求。艺术源于生活却高于生活，是对生活的提炼和升华。生活中的喜怒哀乐、悲欢离合被搬上舞台，流淌成了有声有色的历史，与一个又一个台下的观众产生共鸣。

五、梅派京剧中和之美的艺术表现和形成原因[②]

（一）"中和"的审美与文化意义

一直以来，中正平和的中庸之道是中国文化的核心追求。在艺术的范畴中，"中和"也一直被作为创作和表现的重要原则。"'中'即'适中'，适中才能求得平衡，才能居于核心位置；'和'即'融合''和谐'，亦即各种力量或要素融合在一起，达到一种和谐的状态，从而维持系统或个体的相对稳定，在对立统一中得以长久存在，不断前进与发展。"[③]这是《中国古代审美理想》一书中有关"中和"概念的论述。

---

① 李洁非，张陵. 关于"京剧革新"的美学沉思：兼谈《李逵探母》的现实意义［J］. 戏剧报，1984（10）：41-44.

② 选自张鸣悦（清华大学经济管理学院学生）创作的《梅派京剧　中和之美的艺术表现和形成原因》一文。

③ 万志全. 中国古代审美理想［M］. 北京：中国社会科学出版社，2010：279.

在儒家文化的影响下，“中和”思想由来已久。《礼记·中庸》有言，“致中和，天地位焉，万物育焉”；《论语·学而》亦有言，“礼之用，和为贵”。在宏观的社会治理中，儒家把“中和”作为天下之“大本”与“达道”；而在个体情感表达中，“喜怒哀乐之未发，谓之中”，“发而皆中节，谓之和”，“乐而不淫，哀而不伤”的“中和”境界，也是儒家所认可的最高追求。

梅派京剧艺术之所以能作为古代艺术的杰出代表、能在百年来飞速变化的中国社会经久不衰，与其艺术特色契合了“中和”这一核心属性的审美与文化追求有着密不可分的关系。

（二）中和之美在梅派唱腔和身段中的艺术表现

以“和”为贵的原则，是梅兰芳几十年舞台生涯所始终贯彻的。梅派风格的大方和谐、温婉圆融，大抵也起源于对“中和”的不懈追求。

1. 唱腔之中正圆融

民国初年，梅兰芳常与著名琴师陈彦衡讨论京剧声腔艺术，陈彦衡谈道：“戏是唱给别人听的，要让观众听得舒服，就要懂得‘和为贵’的道理。”20世纪60年代初，梅兰芳见到陈彦衡之子陈富年，还不忘称道陈彦衡所言的“和为贵”是“提纲挈领的经验之谈”，是“值得深思的”，可见梅兰芳是把“和”字视作京剧艺术格调的纲领来重视的。[①] 梅兰芳有一副亮、甜、水、脆的十全好嗓，天赋极佳。高音犹如金石之声，响遏行云；低音如涓涓细流，充实内敛而连绵不断；而中音又十分宽厚，共鸣打远，膛音十足。三个音区协和统一，使人闻之有圆融温润之感，这就是以圆为标，以圆来统筹音乐声腔技术。例如，在梅兰芳偏爱的《宇宙锋》这出戏中，有一段难度最大、旋律最为丰富的“反二黄”唱腔，经梅兰芳多年修改与

---

① 梅兰芳. 梅兰芳回忆录［M］. 北京：团结出版社，2006.

实践，成为梅派唱腔艺术的代表作。其第三句“我只得把官人一声来唤，一声来唤，我的夫呀”中的第二个“一声来唤”，其实是个回龙腔，螺旋状地向前向上，声线划圆推进的同时，音符好似不断地跳跃着。而在跳跃之中，梅兰芳行腔总是欲高先低、欲扬先抑、欲亢先坠、欲紧先松、欲连先顿、欲刚先柔，从而达到声韵清圆、酣畅流利的效果。正是梅兰芳在唱腔艺术上追求圆融的美，才使得梅派唱腔被内外行一致推崇并效仿，将京剧所特有的韵律风味发挥到极致。

2. 身段之平和圆融

梅兰芳曾于 20 世纪 30 年代访问苏联，著名戏剧家梅耶荷德对其表演大加赞赏。梅耶荷德在观看梅兰芳表演后总结道：“我看了梅先生的戏后，觉得中国戏的动作是弧线形的。”[①] 因而，梅氏舞台上的精美绝伦的表演，不仅在于唱腔与音乐的圆润中和，还在于其圆融平和的身段表演。令人印象深刻的有《贵妃醉酒》中的“卧鱼”“翻身衔杯”、《霸王别姬》中的“舞剑”、《穆桂英挂帅》中的“水袖”等，即使是一个下场的动作也要欲右先左，走出一个“S”形。其中，被我们熟知的圆场更是舞台动作“圆融之美”的集中表现。

《霸王别姬》中有这样一个精美片段。清凉的夜色中，虞姬午夜醒来，联想到项羽的艰难处境，顿感愁闷满腹，于是起身去帐外闲步。舞台上的虞姬边唱边行，“当唱到‘我这里出帐外且散愁情’时，‘散’‘愁’两字唱高音，同时伴以一个小圆场再转身。待唱腔过渡到‘情’字，便用三个连环式的装饰音，然后抓披风亮相，片段结束”[②]。身段上，转身抓披风亮相的那一刻无疑是整个片段的核心，而在此之前的一刹那，也就是莱辛所说“最富于孕育的时刻”。而在这个时刻之前，走一个圆场就起到了相当关键的作用：随着虞姬转过一个小圈，观众的审美情绪也得到一个间歇的休息

---

① 田志平.“梅派”艺术与“中和”之美［J］. 戏曲艺术，2013（3）：10-16.

② 张正贵. 京剧梅派表演艺术的美学内涵［J］. 戏剧文学，2009（1）：81-84.

与调整。这个圆场的处理看似随意，实际上却是在给亮相以充分的准备和酝酿，因为台下观众此时正处于审美最兴奋的前一刻，做好准备迎接最精彩的一刻来临。而当虞姬抓披风亮相时，演员与观众、剧中人与局外人同时得到艺术美感倾泻而下的洗礼，共同完成了一个美妙的片段。观众看后也会从内心之中生发出一种圆满的感觉。这便是平和圆融的梅派身段之美的一次集中体现。

（三）中和之美在梅派及京剧发展过程中的归因

经过数十年的磨砺与发展，梅派不仅成为中国京剧艺术的突出代表，为国内观众高度赞赏，而且数度走出国门，作为中国表演艺术的一个代表，赢得世界的赞扬。20 世纪初期至中叶，梅派艺术事实上已经不仅代表中国传统表演艺术，更成为中国文化的醒目标志，某种意义上讲已经成了中国社会审美的艺术坐标。

1. 梅派发展形成过程中的“中和”追求

回顾梅派逐渐发展成熟直至登临艺术高峰的过程，有许多经验值得借鉴和总结。有学者认为，促使梅派成为中国文化标志意义的内核是梅兰芳在进行艺术创作时始终高度自觉地遵循着中国传统文化。

梅兰芳回忆早年经历时曾说：“我二十几岁的时候……朋友当中有几位是对鉴赏、收藏古物有兴趣的……看到他们收藏的古今书画、山水人物、翎毛花卉，真是琳琅满目，美不胜收。从这些画里，我感觉到色彩的调和、布局的完美与戏剧艺术有息息相通的地方。”① 其实梅兰芳身边一直聚集着一批有着深厚中国传统文化底蕴的朋友，他们参与了梅派艺术的成长与发展，并把中国传统文化和审美的观念自然地渗入梅派艺术，促使梅派艺术在追寻艺术市场新方向的同时，一直把中国传统文化中蕴含的审美观念作

① 梅绍武，梅卫东. 梅兰芳自述［M］. 北京：中华书局，2005.

为内核。而梅派艺术中最核心也最不易捕捉到的特征，就是源于中华文化的“中和”观念。

1914 年，梅兰芳把赴沪演出获得的认识与思考付诸实践，开始尝试编演《孽海波澜》等时装新戏。谈及编演新戏的初衷，梅兰芳这样说：“如果直接采取现代的时事编写新剧，看的人大概比看老戏更亲切有味。”为了将这盘旋已久的想法付诸实践，梅兰芳与创作团队一起编演了呈现官场众生人面兽心的《宦海潮》、表现女子婚姻意识觉醒的《邓霞姑》、提醒人们父母包办子女婚姻危害性的《一缕麻》、揭露迷信骗局的《童女斩蛇》等时装新戏。这些立足时事的创作，共持续了 5 年（1914—1918）时间。与此同时，梅兰芳组织团队从 1915 年起历时 10 年，创编了《嫦娥奔月》《黛玉葬花》《木兰从军》《天女散花》《麻姑献寿》《红线盗盒》《霸王别姬》《西施》《洛神》《俊袭人》等 10 多部古装戏。

然而，新的尝试与创作并非一帆风顺。梅兰芳曾谈道：“京戏演员从小练成功的和经常在台上用的那些舞蹈动作，全都学非所用……”，可见他敏锐地感受到，久经训练的京剧演员在时装新戏中会陷入“英雄无用武之地”的困境。进而思考问题产生的原因，梅兰芳认为这与京剧艺术的审美本质相关。他也据此总结：“古典歌舞剧的演员背负着双重任务，不仅要切合剧情地扮演那个剧中人，还要用优美的舞蹈加以体现。”基于又一次对京剧艺术审美本质的认识，梅兰芳在向艺术市场新方向前行了一段时间之后，又迅速把重心向能够完成“古典歌舞剧演员的双重任务”回归。对于传统歌舞剧的清晰认识使得梅派艺术扎扎实实地立足于中国传统文化的深厚基础之上，并寻到了属于自己的叶茂根深之道。

不偏不倚谓之“中”。既积极探索“往何处去”又时刻清楚自己“从何处来”，梅派的发展可谓谨遵“中和”之道。梅兰芳对“基本技术的底子”的重视，也体现在他对“学戏从昆曲入手”以及昆曲艺术本身的推崇上。1914 年，他在创编《孽海波澜》之前，已经开始师从乔蕙兰等昆曲教师大量学习昆曲，甚至“一口气学会了三十几出昆曲”，包括《孽海记》中的《思凡》、《牡丹亭》中的《春香闹学》、《西厢记》中的《佳期·拷红》等。正是有了这种深厚的“基本技术的底子”的支撑，梅派艺术才有了十分牢固的筋骨，既能承载起对新方向的探求，也能坚守住观众始终在意的戏曲审美本质。一方面吸纳五百年中国传统文化滋养的高雅艺术的精华，另一方面与最新进的时代意识相融合，这正是梅派艺术“和”的追求。

2. 梅派的中和之美立于京剧艺术的深厚基础

“徽班”进京之初，表演是相对粗放的。写于光绪年间的著作《侧帽余谭》一书中有这样的记载，“词意俚鄙，皆若辈随口诌成，不经文人笔墨，宜无当于大雅……”，这样兴起于民间又兴盛于民间的剧目与表演，为终日劳作的社会底层民众所喜爱，也在情理之中。道光年间，文人杨静亭曾用“时尚黄腔喊似雷”来形容徽班未向京剧过渡时的演唱。

而当汉调演员开始融入徽班时，“徽”“汉”两种表演艺术发生融合。根据《中国京剧史》的相关记载，余三胜等表演大师对“喊似雷”的发音方式做出了调整，开起了“中和”之路。由余三胜始创的“花腔”，旋律丰富，一破“喊似雷”的局面，丰富了京剧的演唱色彩，也提高了京剧在音乐方面的表现能力。同一时期的第一代京剧表演大师程长庚，以声情交融、唱做俱佳、戏路宽广获得极高声誉。特别的是，“程长庚除老生外还能串演花脸、小生等行当。这种表演者一人多能的格局，在京剧界流行一时，为此后相关行当技艺的相互借鉴、融合提供了重要的基础”[①]。对于第二代京剧表演大师，《中国京剧史》曾评价谭鑫培对舞台创作的贡献：“他把单纯的‘唱戏’‘演戏’，提高为综合的‘演唱’……谭鑫培的表演从人物出发，改变了过去普遍存在的唱工老生只重唱，武生只重武把子的现象。”可以说，谭鑫培第一次做到了戏与技紧密结合，对已有的京剧表演艺术元素进

---

① 田志平．“梅派”艺术与“中和”之美［J］．戏曲艺术，2013（3）：10-16.

行了“融合”，重新定位了京剧艺术的“适中”，使京剧表演进入了一个新的艺术境界。

数千年文化的传承绵延不绝，造就了中国社会主流价值观念生生不息的传递。经过长时间社会实践的磨砺，“中和”的观念及审美追求，已经成为大多数中国人对事物美和人格美的一种检验标准，进而转化为中国社会主流的一种潜移默化的行为规范。梅兰芳及其艺术团队以及更多的京剧艺术前辈，就是在这种美的标准的引领下，践行着他们的艺术实践和创作，自然而然地推动了京剧艺术走向“中和”之美，并达到了极高的境界。

第二编 戏曲美育思想与当代实践

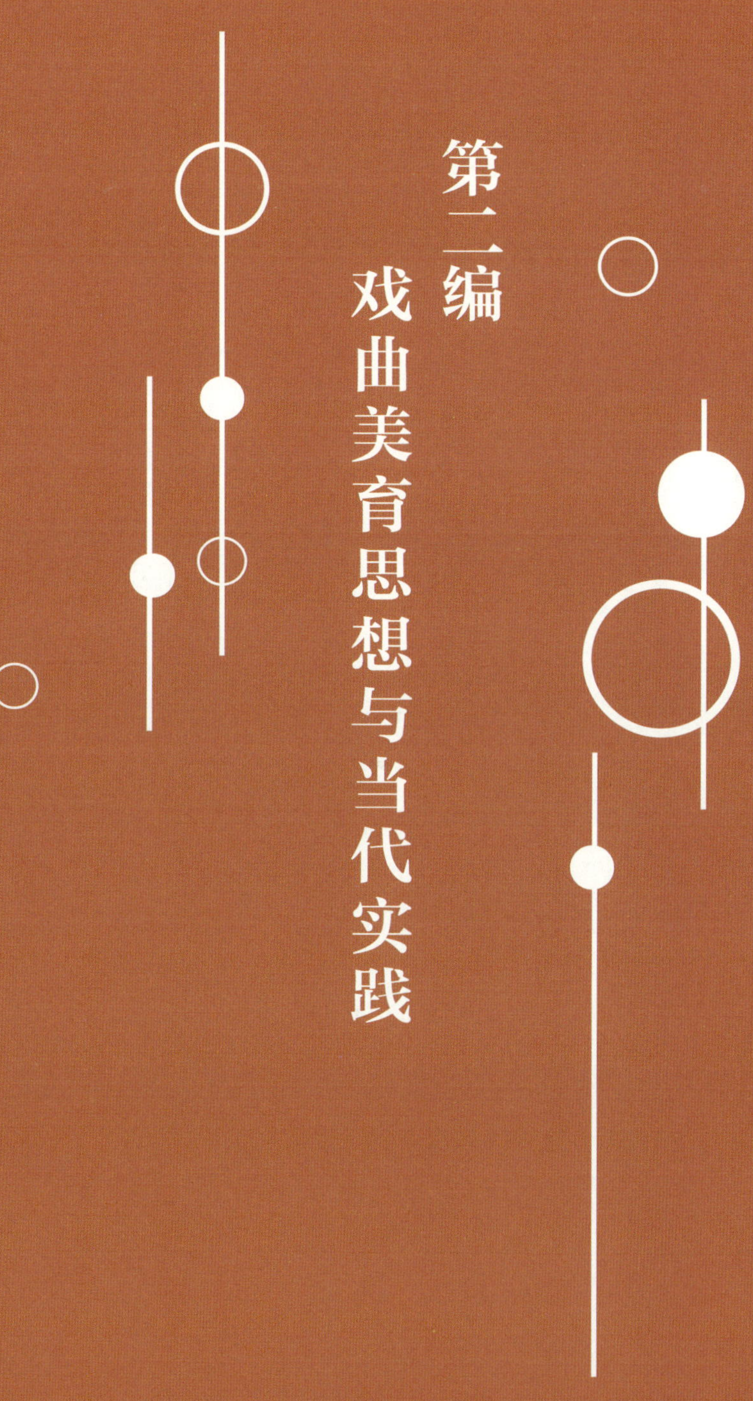

第七章 古代戏曲美育的历史演进

中国传统戏曲教化观念中蕴含美育[①]意识，“礼乐教化”作为中国传统文化的核心思想，直接渗透和影响了戏曲教化观念的生成与发展。汉代成书的《毛诗序》集中反映了儒家诗歌理论，确立了其在中国文学理论史上的显赫地位，书中论述的“情志统一”和“讽喻教化”观念，对后世戏曲理论的发展产生了深远影响。南宋和元代是戏曲教化观念的初创期，文人开始加入戏曲活动，将“文以载道”的观念移植到戏曲领域，逐步形成了“戏教”思想的雏形。

明初，开国皇帝朱元璋将戏曲视作治国手段，约束和引导戏曲的发展方向，确立了国家主导的功利戏曲教化观。在他的推动下，《琵琶记》走进宫廷演出，被推崇为“教化剧”典范，百余年后涌现了大量的跟风之作，丘濬（1421—1495）、邵灿（生卒不详）、陈罴斋（生卒不详）、徐霖（1462—1538）、郑若庸（约1495—约1575）、陆采（1497—1573）等人延续其创作思想，形成了戏曲历史上的第一次“教化剧”风潮。但这批戏曲家过分推崇教化观念，忽略了戏曲审美特性的创作倾向，也限制了戏曲创作的自由，由此导致剧坛僵化。直至嘉靖、隆庆年间，戏剧才得以复兴，

① 美育一词由汉末魏晋时期“建安七子”之一的徐干（170—217）提出，其目的就是对君子进行德行的培养，其途径就是通过礼乐手段来实现。

并在王阳明心学思想的影响下，出现了大批戏曲理论家和剧作家，李开先、徐渭、王骥德、沈璟、汤显祖、吕天成、潘之恒等人促成了古代戏曲理论和剧作的高峰时期，拓展了戏曲观念的广度和深度，在“情”与“理”的博弈中，出现了褒“情”抑“理”的态势，其中以汤显祖的“以情为理”的教化观念为代表。

清代强化皇权，朝廷禁止官吏沉迷享乐蓄养家班，戏曲教化观念也由明末的自由风气趋向保守，进入由“情”返“理”的过渡期，“情”与“理”调和态势日趋明显，《长生殿》和《桃花扇》的主题归旨已走向“以情释理”时期。乾隆时期“礼学”兴盛，董榕、夏纶、蒋士铨等人的创作，促成了文人“教化剧”的二次高潮。至皮簧兴盛的百余年间，突出以情说理的戏曲教化观念始终居于主流，维系至清末民初的风气大变革时期，才有新的观念出现。

第一节　溯源古代戏曲美育观念

“礼乐教化”的思想起源于周朝。赓续发展而来的“乐教”“诗教”理论，深刻影响着中国传统文化的建构和发展。中国戏曲理论中的教化观念渊源可以追溯到上古的“乐教”思想，近源则是直接继承了儒家的“诗教”观念。华夏先民早在周代就已经意识到“乐”的文化功能和社会价值，开始论述乐舞的功能和作用。《周易》中就明确提出了“人文教化”“化成天下”的观点：“刚柔交错，天文也；文明以止，人文也。关乎天文以察时变，观乎人文以化成天下。”通过天地之道教化万民，建立以仁义为核心的人道主义，是古人朴素的哲学观念，旨在塑造人的如同“君子”那样“文质彬彬”的理想人格。这也是《礼记·乐记》中讲到的“是故先王之制礼乐也，非以极口腹耳目之欲也，将以教平民好恶而反人道之正也”。以

“礼”与“乐”教化平民的好与恶，从而确立伦理道德规范，直接影响了以孔子为代表的儒家“诗教”观念。

孔子在《论语》中提出的“小子何莫学夫诗？诗，可以兴，可以观，可以群，可以怨。迩之事父，远之事君；多识于鸟兽草木之名”（《论语·阳货》）、“兴于诗，立于礼，成于乐”（《论语·泰伯》）、“不学诗，无以为言”（《论语·雍也》）等观点，直接奠定了“诗教”观念的根基。儒家对诗歌的态度，也是其对待其他文艺作品的观点，在儒家弟子中得到进一步强化和发展。“仁言不如仁声之入人深也”（《孟子·尽心上》）、“夫声乐之入人也深，其化人也速”（《荀子·乐论》）等都延续发展了儒家的“诗教”观点，并自觉地进行了体系化和制度化的完善，构建了“乐以知政”“乐以和敬”“乐以移俗”“乐以教民”“乐以和天”的庞大系统。

随着儒家思想在汉武帝时期被确立为统治思想，士人群体也逐步将其视为崇尚和遵守的信条。尤其是在汉代两部集大成的著作《礼记·乐记》和《诗大序》的影响下，儒家强调的“圣人”“君子”对百姓的教化责任，得到了进一步深化和明确，这也成为文人品格追求的理想。《乐记·乐象篇》中提出了君子与小人的界限，“乐者、乐也。君子乐得其道，小人乐得其欲；以道制欲，则乐而不乱；以欲忘道，则惑而不乐……”[①]《诗大序》则明确提出了诗歌的教化说：“风，风也，教也；风以动之，教以化之。”“故正得失，动天地，感鬼神，莫近于诗。先王以是经夫妇，成孝敬，厚人伦，美教化，移风俗。”[②]“移风易俗”“厚人伦，美教化”等观念，无不是将德与艺紧密结合在一起。古人注重在艺术活动中引导思想方向，将美与善并立而论是古人重要的美学观念。儒家思想与皇权统治的合流，逐渐演变为

① 陈多，叶长海．中国历代剧论选注：修订本［M］．上海：上海古籍出版社，2022：10.

② 陈多，叶长海．中国历代剧论选注：修订本［M］．上海：上海古籍出版社，2022：10.

一种文化政治制度，深刻影响着古人的精神文化生活，也成为文人进行文艺创作的精神动力和目的。

第二节　意识觉醒的宋元戏曲美育思想

北宋时期，政局长期稳定、商品经济活跃、城市经济发达，专门的市井游艺区域瓦舍勾栏出现，促使诸多表演艺术在此融合，优戏与歌舞戏在借鉴说唱艺术营养成分的基础上，熔铸出综合性戏曲形态的宋杂剧，直接启迪了成熟戏曲形态——南戏的诞生。

宋杂剧从唐、五代优戏过渡而来，表演上仍以制造滑稽和讽刺为主，世俗化和平民化的印记明显，从业伶人地位卑下，尚未得到官方和文士群体的重视。戏曲走向成熟的同一历史阶段，也是其对中国思想史影响深远的理学奠基时期。理学是传统儒学的发展，实现了传统儒学的哲学化和伦理化，继承了儒家的基本精神和观念，理学倡导者自然会以儒家文艺观来度量和评判戏曲。北宋理学代表人物有邵雍（1012—1077）、张载（1020—1077）、周敦颐（1017—1073）、程颢（1032—1085）、程颐（1033—1107），至南宋又涌现出吕祖谦（1137—1181）、陆九渊（1139—1193）、朱熹（1130—1200）等理学集大成者，他们秉持人性论，主张“存天理、灭人欲”的观念，意在约束人性欲望，使之回归伦理约束。戏曲是百姓表达情感、宣泄人欲的通俗艺术形式，是人自然本性的流露。理学与戏曲作为雅与俗文化的代表，在观念上存在冲突性，两者的交锋自然也不可避免。理学家对待戏曲的态度，在一定程度上抑制和引导了戏曲的发展态势。

宋杂剧的演出艺人常拿孔子和读书人作为侮弄对象，嘲弄官员、针砭时政的表演内容，招致文士群体的反感和抵制。文人笔记中关于禁戏的零星记录，反映了当时士人对待戏曲的态度。如《杨文公谈苑》中记录，“至道二年重阳，皇太子与诸王宴琼林苑，教坊以夫子为戏者”被敕令禁止。又如《渑水燕谈录》中记录：“元祐中上元，驾幸迎祥池，宴从臣。教坊伶人以先圣为戏。”刑部侍郎孔宗翰上奏反对，要求惩治优人。北宋熙宁年间（1068—1077），有伶人作戏讽刺王安石新法越级举荐人才的记载。朱彧的《萍州可谈》记录“伶人对上作俳，跨驴直登轩陛。左右止之，其人曰‘将谓有脚者尽上得’”。此外，还有伶人拿文士作为调侃对象的事例，宋人刘攽就在《中山诗话》中记载了伶人借李商隐打诨的例子，“优人有为义山者，衣服败裂，告人曰：‘吾为诸馆职挦撦至此。’闻者欢笑”。宋人李廌也在《师友谈记》中记录了伶人拿苏轼作耍的例子，“公（苏轼）笑曰‘近扈从宴醴泉观，优人以相与自夸文章为戏者’”。从种种记录中可见宋杂剧亲民尚俗的审美风格与文人旨趣相异，自然也难以获得文人的认同。此时，文人与伶人保持距离，儒家“诗教”观念未能渗透到杂剧创作中，转至南戏时期情况则有所改变。

随着南戏在民间的繁荣，其鲜明的民间审美趣味和价值观导向与朝廷的规范分野加大。理学与戏曲之间的关系更加复杂化、明朗化和尖锐化，朝廷和文人群体不满戏曲之声渐盛，出现规范和约束戏曲的政令。一代大儒朱熹重视教化，他出任漳州知府时曾颁“劝谕禁戏”文，在《论语集注》中借以阐发自己对戏曲的观点。“乐有五声十二律，更唱迭和，以为歌舞八音之节，可以养人之性情，而荡涤其邪秽，消融其查滓。故学者之终，所以至于义精仁熟，而自和顺于道德者，必于此而得之，是学之成也。”[①]其后，朱熹的门生弟子陈淳（1159—1223）、傅伯成（1143—1226），再传弟子真德秀（1178—1235）等人，都是禁戏的有力执行者，尤其是陈淳所作的《上傅寺丞论淫戏书》《上赵寺丞论淫戏书》，陈词中言明百姓“男女观戏、淫奔酣斗”的后果，主张严加禁止民间演戏之风。

① 朱熹. 论语集注［M］. 北京：商务印书馆，2002.

南戏是成熟戏曲形态的开端，剧本体制的成熟使其能够驾驭和表现复杂的事件和情感，底层文人和粗通文墨的艺人开始主导南戏剧本创作，在温州、杭州等地成立的专门民间书会组织，如九山书会、古杭书会等，为南戏提供了大量的剧本。此外，也有文人介入南戏创作的记录，如南宋戊辰、己巳年间太学生黄可道所作南戏《王焕》[①]。南戏的文学成就很高，遗存至今。早期南戏——《张协状元》《宦门子弟错立身》《小屠孙》等在戏剧文学上展现出较高水准，对于戏曲的社会功能和审美价值，已有所观照。

在《张协状元》第二出中，有两段记载已见作者的创作观念：

> 【望江南】多忔戏，本事实风骚。使拍超烘非乐事，筑毬打弹谩徒劳，设意品笙箫。诨砌，酬酢仗歌谣。出入须还诗断送，中间惟有笑偏饶，教看众乐酾酾。适来听得一派乐声，不知谁家调弄？
>
> 【烛影摇红】烛影摇红，最宜浮浪多忔戏。精奇古怪事堪观，编撰於中美。真个梨园院体，论诙谐除师怎比？九山书会，近目翻腾，别是风味。一个若抹土搽灰，趍枪出没人皆喜。况兼满座尽明公，曾见从来底。此段新奇差异，更词源移宫换羽。大家雅静，人眼难瞒，与我分个令利。[②]

从“教看众乐酾酾”“此段新奇差异”的论调，可见作者在剧作上追求“新”与“奇”，让观众在看戏中获得愉悦的审美效果。《张协状元》剧情中含有对张协追求名利的批判和对贫女舍己从人精神的赞美，能够看出南戏审美品格的端倪，显然受到了理学思想的影响。有学者认为：“其创作主

① 刘一清《钱塘遗事》卷六“戏文诲淫”条云：“至戊辰、己巳年间，《王焕》戏文盛行于都下，始自太学黄可道为之。”《王焕》讲述了书生王焕与妓女贺怜怜的离合悲欢故事。

② 九山书会. 张协状元［M］. 胡学冈，校释. 上海：上海社会科学院出版社，2006.

旨，就是根据宋元理学的‘名利观’，通过‘求名’与‘守己’观念的对立与统一的婚变故事，揭露‘伪儒’的求名求利，肯定贫女的勤劳守己。”[①] 事实上，南戏在文学层面逐步走向成熟的过程，也是民间立场与文人立场的博弈与融合的过程。南戏的题材多涉猎家庭伦理和婚姻爱情，从婚恋戏的情节设定和主题改造中，能看出文人观念的渗透及影响。早年间在百姓中流行的《蔡伯喈》《王焕》《王魁》等，无不是“状元负心”的内容，批判的是文人“富贵易妻”的卑劣行径。经过文人之手的改造，原剧情中“蔡伯喈被雷击”“王魁被亡妻鬼魂索命”等情节被净化，风格由悲剧转向“大团圆”的喜剧。发展到“四大南戏”的《荆钗记》《白兔记》《杀狗记》中，皆以“忠孝节义”的主题为主，后续至《琵琶记》，更是将这种教化观念推向顶峰。

元代科举之路阻塞，文人群体的社会地位下沉，戏曲勃兴，文人与伶人呈合流态势，下层文人普遍参与到杂剧艺术生产过程中，并在其中发挥主导作用，文人观念直接渗透到对戏曲精神品格的改造中。元代是中国戏曲美学思想的萌发期，有意识地对戏曲理论展开专门研究，提出的重要美学命题和理论范畴，直接影响了此后戏曲美学的走向。明人王骥德谈及这种戏曲史上的变化时，感叹道：

> 古之优人，第以谐谑滑稽供人主喜笑，未有并曲与白而歌舞登场如今之戏子者；又皆优人自造科套，非如今日习现成本子，俟主人拣择而日日此伎俩也。……至元而始有剧戏，如今之所搬演者。是此窍由天地开辟以来，不知越几百千万年，俟夷狄主中华，而于是诸词人一时林立，始称作者之圣。呜呼异哉。[②]

① 徐振贵. 戏曲与儒学之缘［M］. 北京：中华书局，2020.

② 中国戏曲研究院. 中国古典戏曲论著集成 四［M］. 北京：中国戏剧出版社，1959：150.

元朝涌现出一批戏曲理论家，如夏庭芝、周德清、杨维桢、胡祗遹、钟嗣成、燕南芝庵等，对戏曲创作规律展开探索，对剧坛文艺状况进行记录和评述，促成了戏曲研究的第一个理论自觉时期。这一时期的戏曲理论家对待戏曲的态度，继承了宋人思想，将戏曲与古代乐舞的功能相比较，将“诗教”思想转化到杂剧研究中，使之成为戏曲教化观念的重要组成部分。下面将遴选具有代表性的理论家及其观点，进行简要陈述。

夏庭芝（约 1300—1375），字伯和，一作百和，号雪蓑。出身富贵之家，为松江（今上海松江）望族，书香门第，家中藏书极富。与当时有名的曲家张鸣善、朱凯、邾经、钟嗣成等交往甚密，诗文作品多散佚，以《青楼集志》留名。《青楼集志》一书主要记录了底层杂剧演员的生存现状，作者用同情的眼光，以真实生动的笔触为世人记录了元代演员的生活图景。他敏锐地意识到，杂剧已经超脱了宋金院本谑浪调笑的娱乐性，转而注重题材和思想上的教化意义。

> 院本大率不过谑浪调笑，杂剧则不然。君臣如《伊尹扶汤》《比干剖腹》，母子如《伯瑜泣杖》《剪发待宾》，夫妇如《杀狗劝夫》《磨刀谏妇》，兄弟如《田真泣树》《赵礼让肥》，朋友如《管鲍分金》《范张鸡黍》，皆可以厚人伦，美风化。[①]

他所举出的杂剧条目中所涉关系君臣、母子、夫妇、兄弟、朋友，完全符合“三纲五常”，具有强烈的伦理格范，所提出“厚人伦，美风化”的观念，直接承继于“诗教”。可见，他认为戏曲与诗文正统文学在敦风化俗上具有同样的作用，并萌生了为戏曲正名的观念。

胡祗遹（1227—1295）是元代理学名士，朝廷重臣，颇有政声。《元

① 陈多，叶长海. 中国历代剧论选注：修订本［M］. 上海：上海古籍出版社，2022：112-113.

史》载“抑豪右，扶寡弱，以敦教化，以厉士风”。他虽混迹于勾栏之间，与杂剧艺人有所交往，但与那些“嘲风弄月、留连光景”的失意文人不同，他认同戏剧的教化功能，并对戏曲表演进行关注，所提出的“九美说”成为早期表演理论的代表。他看重杂剧教化百姓、稳定社会的功能，观点与“礼乐教化”一脉相传。他经历过战乱，深知颠沛流离之苦，体察百姓，深知民间疾苦。从其著作《礼乐论》中的“仆自入仕临民，伤礼乐之消亡，哀民心之乖戾”可见，他深受儒家思想的影响，怀有悲天悯人的情怀，对待杂剧的观念实则是儒家艺术观的延伸和发展。《四库全书总目提要》中这样评述他的贡献，“大抵学问出于宋儒，以笃实为宗，而务求明体达用，不屑为空虚之谈。诗文自抒胸臆，无所依仿，亦无所雕饰，惟以理明词达为主”。“务求明体达用”的观念，使他尤为看重戏曲的社会作用。他的戏曲教化思想，散见于《赠宋氏序》《黄氏诗卷序》《朱氏诗卷序》诸篇中。

《赠宋氏序》中言：

> 百物之中，莫灵莫贵于人，然莫愁莫苦于人。鸡鸣而兴，夜分而寐，十二时中，纷纷扰扰。役筋骸，劳志虑，口体之外，仰事俯畜。吉凶庆吊乎乡党闾里，输税应役于官府边戍。十室而九不足，眉颦心结，郁悒而不得舒，七情之发，不中节而乖戾者，又十常八九。得一二时安身于枕席，而梦寐惊惶，亦不少安。朝夕昼夜，起居寐悟，一心百骸，常不得其和平。所以无疾而呻吟，未半百而衰。于斯时也，不有解尘网，消世虑，熙熙皞皞，畅然怡然，少导欢适者，一去其苦，则亦难乎其为人矣。此圣人所以作乐以宣其抑郁，乐工伶人之亦可爱也。[①]

① 俞为民，孙蓉蓉. 历代曲话汇编：新编中国古典戏曲论著集成　唐宋元编［M］. 合肥：黄山书社，2006：217.

百姓生活之苦，劳役四季不息，朝夕难得安歇，生活十常八九不如意。胡祇遹看到了杂剧的娱乐功能，片刻娱乐可排遣心中苦闷，让百姓在心理上得到放松，进而达到社会安定的功效。

他看重杂剧的教化功能，但并不一味强调教化。他作为一名深谙杂剧创作规律的理论家，懂得如何通过高超的艺术手段来达到教化目的。他提出了戏曲表演“九美说”，在对戏曲演员的规范中，不仅仅对演员技艺提出了技术标准，还从观众视角对欣赏的效果和目的提出了要求。他在《黄氏诗卷序》中提出：

> 女乐之百伎，惟唱详焉。一、姿质浓粹，光彩动人；二、举止闲雅，无尘俗态；三、心思聪慧，洞达事物之情状；四、语言辨利，字真句明；五、歌喉清和圆转，累累然如贯珠；六、分付顾盼，使人解悟；七、一唱一说，轻重疾徐，中节合度，虽记诵娴熟，非如老僧之诵经；八、发明古人喜怒哀乐，忧悲愉佚，言行功业，使观听者如在目前，谛听忘倦，惟恐不得闻；九、温故知新，关键辞藻时出新奇，使人不能测度，为之限量。九美既具，当独步同流。[①]

文中九条对演员的形象、神态、动作、声音、咬字、扮演等方面，以言简意赅的语言进行了高度概括。从演员的外在形象到内在素养，他都提出了较高的要求：形象光彩动人，娴雅无俗态，是对演员形象的要求；心思聪慧，洞达事物，是对演员思想素养的要求；歌喉、唱念要优美动听，是对演员功法训练的要求。然而在他看来，这些要求只是实现路径，言行功业能够让观众如在眼前，谛听忘倦才是目的。从表演本体到观众接受，胡祇遹论述的正是戏曲表演的关键，结合他“曲关风化”的观念，也不难

① 陈多，叶长海. 中国历代剧论选注：修订本［M］. 上海：上海古籍出版社，2022：84.

理解他论述的目的，实际上是将重心放在观众的接受上，也就是使教化目标得以更好地实现。至于第九点中提出的“温故知新，关键辞藻时出新奇”的观点，与他在《优伶赵文益诗序》中提出的“日新而不袭故常”的观点是一致的。他以做饭之法加以比喻，指出：“醯盐姜桂，巧者和之，味出于酸咸辛甘之外，日新而不袭故常，故食之者不厌。滑稽诙谐亦犹是也。拙者踵陈习旧，不能变新，使观听者恶闻而厌见。……然而世既是好尚，超绝者自有人焉。”[①] 追求观赏的新和奇正是观众的要求。

杨维桢（1296—1370），字廉夫，号铁崖、铁雅、铁笛道人等，浙江诸暨人。他是泰定四年（1327）进士，元末为江西儒学提举，入明后则不入仕途。晚年寓居苏州，与顾瑛、赵孟頫、倪元镇以及昆山腔创立者顾坚等人交往甚密。他是元末诗坛上的领军人物，以独创的“铁崖体”扬名诗坛。一生著述丰硕，有《春秋合题著说》《铁崖古乐府》《复古诗集》《朱明优戏录》等作品流世。他博学多艺，通晓音律，口吹铁笛，唱曲歌舞。他对元曲的论评承继诗词一脉，认为元曲虽分散曲与剧曲两类，皆是“今乐府”，与宋代文人词渊源颇深。他在诗词上精深研究，他对元曲的观点主要体现在《朱明优戏录》《优戏录序》中。

杨维桢十分重视元曲的教化作用，尤其是古之优戏的讽谏作用，认为杂剧“不无讽谏所系，而诚非苟为一时耳目玩者也”。他在《优戏录序》中考证了古优的起源，以及前人对优人的态度，以此说明戏曲讽谏功能的合理性。他以孔子看待优人的态度，来佐证自己的观点：

予闻仲尼论谏之义有五。始曰“谲谏”，终曰“讽谏”；且曰“吾从者讽乎！”盖一讽之效，从容一言之中，而龙逄、比干不获称良臣者之所不及也。观优之寓于讽者，如漆城、瓦衣、两税之类，皆一言

① 陈多，叶长海. 中国历代剧论选注：修订本［M］. 上海：上海古籍出版社，2022：86.

之微，有回天倒日之力，而勿烦乎牵裾、伏蒲之勃也。则优戏之伎，虽在诛绝，而优谏之功，岂可少乎？[①]

古优地位卑微，供王公贵族观赏娱乐，正直忠良的优人则能借以幽默风趣的表演，进行谏政，纠正统治者的错误决断。司马迁在《史记·滑稽列传》中以“取其谨言微中”的思路，记录了春秋时期的楚国优孟劝谏楚庄王善待丞相孙叔敖后人的故事，成为优人谏政的范例。“漆城”“瓦衣”“两税”同样是优人之类，杨维桢认为他们的谏政之功，与夏商时期的关龙逄、商纣王时期的比干的谏政功能一样，甚至这种“从容一言”不用以生命死谏的方式更易为君主接纳。“他如安金藏之刳肠，申渐高之饮酖，敬新磨之免戮疲令，杨花飞之易乱主于治，君子之论，且有谓台官不如伶官。至其锡教及于弥侯解愁，其死也，足以愧北面二君者，则优世君子不能不三喟于此矣。”[②]

此外，杨维桢如同优人表演具有教化之用之外，像民间盛行的百戏诸如“鱼龙、角抵、高緪、凤凰、都卢、寻潼、戏车、走丸、吞刀、吐火、扛鼎、象人、怪兽、舍利、泼寒、苏莫等伎”，绝非仅娱乐逗人一笑了之，虽不如“俳优侏儒之戏，或有关于讽谏，而非徒为一时耳目之玩也”。对于傀儡戏他考其源头加以辨析，同样认为这种以木偶代为表演的艺术形式，“引以人音”的扮演，“演为谐谑咽哑而成剧者也”，可让“观者惊之若神”，所发挥的功能与优人表演上并无差异。

窟礧家起于偃师献穆王之伎，汉户牖侯祖之，以解平城之围，运

① 陈多，叶长海. 中国历代剧论选注：修订本［M］. 上海：上海古籍出版社，2022：108.

② 陈多，叶长海. 中国历代剧论选注：修订本［M］. 上海：上海古籍出版社，2022：108.

机关，舞埤间，阏支以为生人。后翻为伶者戏具，其引歌舞，亦不过借吻角吆唧声，未有引以人音，至于嬉笑怒骂，备五方之音，演为谐诨嗾咂而成剧者也。玉峰朱明氏世习窟礧家，其大父应俳首驾前，明手益机警，而辨舌歌喉，又悉与手应，一谈一笑，真若出于偶人肝肺间，观者惊之若神。松帅韩侯宴余堰武堂，明供牵木偶为尉迟平冠，子卿还朝于降臣昏辟之际，不无讽谏所保，而诚非苟为一时耳目玩者也。[①]

在《周月湖今乐府序》中，杨维桢将论述的对象由古代转向当时文坛，他直言元之杂剧中的名家，如关汉卿、庾吉甫、杨淡齐、卢苏齐以及冯海粟、滕玉霄等人，虽在风格上有“奇巧”“豪爽”“蕴藉”之别，在功能上却有“其于声文，缀于君臣、夫妇、仙释氏之典故，以警人视听，使痴儿女知有古今美恶成败之观惩”。

综上，杨维桢的戏曲劝惩的观念，主要是从诗词曲流变的历史演变中发展而来，以史参照，又不拘泥于此，对当时的文坛中杂剧作家也有所观照。从做诗文的角度论述戏曲创作的要义，对于纠偏戏曲创作路径，提高戏曲地位是有益的。

周德清（1277—1365），字日湛，号挺斋，高安人（今属江西）。文献中对于他的记载资料匮乏，从明初无名氏的《录鬼簿续编》的记载中，我们可知他工乐府，善音律。“病世之作乐府有逢双不对、衬字尤多、文律俱谬者，有韵脚用平、上、去不一而唱者，有句中用入声、拗而不能歌者，有歌其字、音非其字者，令人无所守，乃自着《中州韵》一帙，以为正语之本，变雅之端。”[②] 他所作的音韵著述为曲学史上的开山之作，对后世影

① 俞为民，孙蓉蓉. 历代曲话汇编：新编中国古典戏曲论著集成 唐宋元编［M］. 合肥：黄山书社，2006：426.

② 中国戏曲研究院. 中国古典戏曲论著集成 二［M］. 北京：中国戏剧出版社，1959：286.

响深远。他在《中原音韵序》中云："自关、郑、白、马一新制作，韵共守自然之音，字能通天下之语，字畅语俊，韵促音调；观其所述，曰忠曰孝，有补于世。"这是明白标举"忠""孝"二字，已言明他主张杂剧创作要兼顾文律相协。

此外，像关汉卿、郑光祖、白朴、马致远等当时剧坛的翘楚，其作品所传达的也正是对于社会有作用的忠孝主题。

第三节　走向成熟的明代戏曲美育思想

元代的统治时间不过百年，取而代之的大明是一个大统一的王朝。明代，文人的地位得到了恢复和提高。开国之君朱元璋（1328—1398）是一位强有力的统治者，他极力维护儒家礼乐正统，加强了对百姓的思想控制。他相信"礼以道敬，乐以宣和。不敬不和，何以为治"，对于戏曲的态度是限制和规范。朝廷下令：出身倡优之家的子弟不得参加科举。"国初之制，伶人常戴绿头巾，腰系红褡膊，足穿布毛猪皮靴，不容街中走，止于道旁左右行。乐妇布皂冠，不许金银首饰，身穿皂背子，不许锦绣衣服。"[①]戏曲是民间百姓习以为常的娱乐方式，高压政策自然会限制戏曲的发展，但不能使其断绝，民间演剧仍然具有强大的生命力。在抑制戏曲发展的同时，统治者以功利主义态度，将戏曲引入利于自身统治稳固的文化体制。在明初《御制大明律》中规定，"禁止伶人装扮、演绎帝王将相等人物及其故事，但神仙、义夫节妇、孝子顺孙、劝人向善及欢乐太平不禁"[②]。作为最高统治者的朱元璋十分重视戏曲的道德教化功能，他曾下令将一千七百本词

① 参见徐复祚编次《花当阁丛谈》卷一"娼盗"条。

② 王利器. 元明清三代禁毁小说戏曲史料［M］. 上海：上海古籍出版社，1981：12.

曲分赐各地藩王子弟，希望以此来训诫皇族，稳固统治。

也正是在最高统治者的干预下，明初的剧坛上出现了一种以戏曲宣扬封建礼教，巩固王朝统治的教化派理论。这种戏曲创作观念出自元末明初《琵琶记》作者高明的曲论思想，同时期皇族子弟宁王朱权的观点对后世也产生了深远的影响。

高明（1305—？），字则诚，号菜根道人，浙江瑞安人。其人博学多闻，诗文词曲兼擅，著有南戏《闵子骞单衣记》和诗文集《柔克斋集》（今已散佚）。他晚年将戏文《赵贞女蔡二郎》进行文人化改编，据说历时三年不曾下书楼，倾尽大量心血方才完成《琵琶记》，被后世誉为“传奇之祖”。他在《琵琶记》第一出副末开场〔水调歌头〕词中，借副末之口言明了自己的戏曲观：

> 秋灯明翠幕，夜案览芸编。今来古往，其间故事几多般。少甚佳人才子，也有神仙幽怪，琐碎不堪观。正是不关风化体，纵好也徒然。论传奇，乐人易，动人难。知音君子，这般另做眼儿看。休论插科打诨，也不寻宫数调，只看子孝共妻贤。骅骝方独步，万马敢争先。[①]

从这段论述中我们能够清楚地看出，高则诚将“风化”放在首要位置，“风化”是其教化思想的核心。作为出色的戏曲家他首先对戏曲题材提出了个人看法，古往今来的剧本，所谓的才子佳人、神仙幽怪题材，要么是离奇诡谲博取眼球，要么是卖弄风情乐人耳目，皆不可取。戏曲不能止步于娱乐，其目的在于能够在感动观众的基础上产生教育意义。在这段论述中，高明已经触及艺术创作中审美与思想层面的逻辑关系，“乐人”与“动人”是文艺功能的两个维度。“乐人”是一种感官上的娱乐，通过语言上的插科

① 陈多，叶长海. 中国历代剧论选注：修订本［M］. 上海：上海古籍出版社，2022：118.

打诨以及音律上“寻宫数调”的技巧可以轻易做到，在高明看来，“休论”不值得过于提倡，“动人”才是创作的要旨。由于对风化的特别重视，高明希望观众对《琵琶记》的欣赏眼光，也不同于以往，要“另眼看待”，将道德评价作为评价作品高低的标准。当代有学者将高明所倡导的观念称为“风化体”，并对这一戏曲文体阐释道：“戏剧‘风化体’的含义，即指戏剧的内容当以道德行为为本位，从而以戏剧中表演的道德行为使民心得以教育感化。故‘风化体’之‘体’，意味着以道德伦理价值为戏剧文学（及搬演）的本体。”[①]《琵琶记》确实也是“风化体”的典范，他颂扬作品思想道德的观念，并不否定创作上的技巧技法，相反他在戏曲语言、声律处理、情节编织上所达到的艺术高度，为后世所称道。连对曲律要求近乎苛刻的明代曲家沈璟，也将其奉为南戏的曲式典范。高明所倡导的作剧观念，是寓情于理，是借助艺术作品本身的艺术魅力陶冶观众的心性，进而达到思想和价值观渗透，可谓通过戏剧实现教化的正途。

实际上，高明的风化思想是对宋元杂剧中道德叙事模式的发展，《琵琶记》在民间风行，产生了广泛的影响力，甚至引起了当朝最高统治者朱元璋的注意。他高度称赞《琵琶记》，将之与《五经》《四书》等儒家经典相提并论，称之为家家不可缺失的精神食粮。“《五经》《四书》如五谷，家家不可缺；高明《琵琶记》如珍馐百味，富贵家岂可缺耶！”（明黄溥《闲中今古录》）由此，《琵琶记》走进内廷演出，成为名副其实的大明朝官定的教化剧典范，奠定了明代戏曲教化观念的价值基调。

高则诚所开端的教化剧，并没有就此结束，而是催生了明初至明中期的教化剧创作风潮。在其之后，丘濬、邵灿、陈罴斋、徐霖、郑若庸、陆采等将其观点奉为圭臬，加以发扬光大。

丘濬字仲深，号琼台，琼山人，明代中期著名的思想家、史学家、政

---

① 李昌集. 中国古代曲学史［M］. 上海：华东师范大学出版社，1997：483.

治家、经济学家和文学家，被史学界誉为“有明一代文臣之宗”。然而这位朝廷重臣、儒学大家十分喜欢戏曲，因不满于当时剧坛上的颓废之气，认为这些作品“多是淫词艳曲，专说风情闺怨，非惟不足以感化人心，倒反被他败坏了风俗”。于是创作了《五伦全备记》《投笔记》《举鼎记》《罗囊记》等传奇。

他在《五伦全备记》的“副末开场”中说道：

> 每见世人搬杂剧，无端诬赖前贤。伯喈负屈十朋冤。九原如可作，怒气定冲天。这本《五伦全备记》，分明假托名传。一场戏里五伦全，借他时世曲，寓我圣贤言。①

“借他时世曲，寓我圣贤言”表明的正是他作剧的目的。他在剧作上缺乏艺术才能，没有将写作中心放在演绎故事和艺术表达上。“所作曲子不主于声音，而在于义理”，导致舍弃了戏曲声文并茂的美感，罗列枯燥的情节，毫无艺术上感染力，诟病甚多。他竟直接以“三纲五常”之理为骨干来敷衍故事，甚至将明代乡里中设立木铎教化百姓的方式，用至叙事之中摆出一副老儒的讲说伦理大义。

《五伦全备记》讲述伍典礼与二子伦全、伦备及义子克和一家固守封建忠孝节义、三纲五常伦理道德，生前显贵死后成仙的故事。全剧枯燥无味，呆板说教，全无悦人耳目的艺术美感。在明末关于“教化剧”的反思批驳中，一些戏曲理论家直言道：“文庄元老大儒之作，不免腐烂。”（王世贞）“纯是措大书袋子语，陈腐臭烂。”（徐复祚）

但是，这类故事在当朝大儒的倡导下，仍然受到了封建大家长们的欢

---

① 陈多，叶长海. 中国历代剧论选注：修订本［M］. 上海：上海古籍出版社，2022：136.

迎，甚至成为宗族冠婚葬祭活动中常演的剧目。明人高并在《五伦全备记》序中言：

> 予偶于士大夫家得赤玉峰道人所作《五伦全备记》，读之惟恐其尽，然不尽亦不肯止也。书凡二十有八段，其中所述者，无非五经、十九史诸子百家中嘉言嘉行之可以为世劝戒者。言虽俚近而至理存乎其中。……后又于一士大夫家见有以人搬演者，座中观者不下数百人，往往有感动者，有奋发者，有追悔者，有恻然叹息者，有泫然流涕者。[①]

甚至，“远在朝鲜，《五伦全备记》却深受十七世纪其皇朝之尊重，是当时朝鲜人民学习中文和儒家伦理的范本”[②]。由此，我们可见教化剧问题的复杂性，即艺术作品在传播中虽然受到其他因素的影响，但仍然得以有限传播，只是其实际发挥的功效，是可想而知的。

步《五伦全备记》后尘的人物是邵灿。邵灿字文明，一字宏治，江苏宜兴人，生卒年不详。据明万历《宜兴县志》和清嘉庆《宜兴旧县志》所载，邵灿广学博闻，志意恳笃，喜词赋，晓音律，尤精于弈。少习举子业，但未应科举考试，一生布衣以终。著有《乐善集》和传奇《香囊记》。

在《香囊记》第一出“副末开场”中，邵灿提出了自己的戏曲主张：

> 【鹧鸪天】一曲清歌酒一巡，梨园风月四时新。人生得意须行乐，只恐花飞减却春。今即古，假为真，从教感起坐间人。传奇莫作寻常看，识义由来可立身。
>
> 【沁园春】为臣死忠，为子死孝，死又何妨。自光岳气分，士无全

① 俞为民，孙蓉蓉. 历代曲话汇编：新编中国古典戏曲论著集成　明代编［M］. 合肥：黄山书社，2009：214.

② 司徒秀英. 明代教化剧群观［M］. 上海：上海古籍出版社，2009：16.

节，观省名行，有缺纲常。那势利谋谟，屠沽事业，薄俗偷风更可伤。怎如那岁寒松柏，耐历冰霜。闲披汗简芸窗，谩把前修发否臧。有伯奇孝行，左儒死友，爱兄王览，骂贼睢阳。孟母贤慈，共姜节义，万古名垂有耿光。因续取《五伦》新传，标记《紫香囊》。[①]

他的戏曲思想和创作动机，与丘濬如出一辙，将宣传封建礼教作为第一要义。《香囊记》讲述宋代张九成与妻、母、弟悲欢离合的故事。结构松散，情节芜杂，许多重要关目几乎都是模仿前人的剧作，读之有陈旧之感。

正是由于这种对教化剧创作观念的误读和曲解，在一定程度上导致明初中期的剧坛踟蹰不前，从洪武到正德长达一百五十多年的时间里，我们没有看到足以留史的作品出现。

在明初剧坛之外，还有一位身份特殊的皇族人物，他在戏曲理论上的建树，是这一时期的高峰，此人就是朱元璋的第十七子朱权（1378—1448）。朱权于洪武二十四年（1391）封于大宁（今内蒙古宁城县），封号宁王。洪武二十六年（1393）就藩。建文元年（1399）十月被朱棣挟持参与“靖难”。永乐元年（1403）改封南昌。别号臞仙、涵虚子、丹丘先生等，平生撰述纂辑见于著录者 70 余种，存世约 30 种。朱权博通经史，精修诗文，对戏曲尤为喜爱。有戏曲著作《太和正音谱》《琼林雅韵》《务头集韵》留世，此外，他还亲自创作杂剧几十种，有《冲漠子独步大罗天》《卓文君私奔相如》留世。

朱权在《太和正音谱》序言中，表达了他对待戏曲的态度和观点：

猗欤盛哉，天下之治也久矣。礼乐之盛，声教之美，薄海内外，莫不咸被仁风于帝泽也，于今三十有余载矣。近而侯甸郡邑，远而山

① 邵灿. 香囊记：第一出. 六十种曲本［M］. 北京：中华书局，1958.

林荒服，老幼聩盲，讴歌鼓舞，皆乐我皇明之治。夫礼乐虽出于人心，非人心之和，无以显礼乐之和；礼乐之和，自非太平之盛，无以致人心之和也。故曰：治世之音安以乐，其政和。是以诸贤形诸乐府，流行于世，脍炙人口，铿金戛玉，锵然播乎四裔，使鴃舌雕题之氓，垂发左衽之俗，闻者靡不忻悦。虽言有所异，其心则同，声音之感于人心大矣。[①]

从这段论述中，我们可以看出朱权站位于皇室统治者，认为戏曲要服务于本朝治理。所秉持的礼乐观念与儒家礼乐思想一致，认为礼乐是实现道德教化的手段，和谐的礼乐关系是政治清明、社会祥和的体现。在他看来“礼乐之盛，声教之美”是社会安和的表现，不过是“被仁风于帝泽也”，外部社会因素的干预和影响是决定戏曲发展的决定性因素。朱权更看重戏曲的社会功能，有着鲜明的功利主义的思想倾向。

明代初期上层对文化采取高压政策，文坛长期处于萧寂状态，直到15世纪上半叶迎来了较为宽松的文化环境。也就是从这个时期，文学界和思想界产生了两股重要的文化运动，分别是文学领域的复古运动和思想领域的心学运动。文学复古运动使明代诗文领域发生了一次前所未有的变化，以李梦阳为代表的“前七子”及以王世贞为代表的“后七子”，不满于明初崇儒尚道的文化政策，推行理学风气和台阁体所造成的文学创作的萎靡不振，在当时积习已久的文坛立起革新的旗帜。他们重新审视文学现状，探索新的出路，“他们重新构筑文学的主情理论，重视民间‘真诗’，并注意文学艺术体制建设，反映出对文学本质一种新的理解”[②]。心学运动是一场在整个中国思想文化界都产生深远影响的大事件，掀起这股风潮的是旷世

① 中国戏曲研究院. 中国古典戏曲论著集成　三［M］. 北京：中国戏剧出版社，1982：11.

② 袁行霈. 中国文学史（第三版）：第四卷［M］. 北京：高等教育出版社，2014：68.

奇才王阳明。

王阳明（1472—1529）是历史上罕有的精通儒、道、佛三家思想的大师，是学问与事功兼全的一代大儒，他创立的“知行合一”心学思想，成为中国古典哲学最后的高峰，对其后的明代思想文化界产生了极为深层次的影响。

在这个文化风气变革的时期，戏曲领域也在悄然发生着变化。嘉靖、隆庆年间，戏曲创作和理论探索开始活跃起来，在论著数量和质量上都较之前有所强化，万历年间更是迎来了中国戏曲创作与理论的大发展。这一时期出现了大批一流的戏剧家，如魏良辅、李开先、何良俊、徐渭、王世贞、沈璟、汤显祖、徐复祚、潘之恒、王骥德、吕天成、沈德符、祁彪佳、张岱、孟称舜、袁于令等。为数众多的戏剧家笔耕不辍，著书立说，编写传奇，创造了丰硕的戏曲作品，支撑了古典戏曲时期的高峰时代。也正是在这一时期，诞生了《牡丹亭》这一世界级的巨作，出现了戏剧理论史上第一部较为全面系统的论著——《曲律》。此外，活跃的剧坛还出现了沈璟与汤显祖关于曲律与唱词的论争，“汤沈之争”进一步深化了此时期戏曲理论探索的深度和广度，两人不同的创作观念也反映出剧坛创作风格的多元化取向。

这一时期，戏曲名家辈出，戏曲论著纷呈，戏曲理论的研究已经走向成熟和完备。建立在风教观念基础之上的戏曲教化观念的探索，得到了进一步深化和发展。这一时期的戏曲家主要站在戏曲本位进行论述，以戏曲的审美功能为出发点，围绕着教化与言情、藻绘与本色、格律与意趣三者之间的关系展开论争和阐述，不主张为实现教化目的而牺牲戏曲的艺术美感。下文将对在教化观念上有重要阐述的戏曲理论家进行论述。

论述这一历史时期的戏曲教化思想，有必要溯源对此时文人思想形态和文化旨趣造成深刻影响的王阳明。作为一代儒学大师的王阳明，认为戏曲的源头是古代乐舞，他指出舜时代的乐舞《韶》、周武王时期的乐舞《武》，具有移风易俗的功用。孔圣认为《韶》是“尽美矣，又尽善也”，

《武》是“尽美矣，未尽善也”，两者对社会是有裨益的，尤其是《韶》实现了美与善的统一，是古乐的典范。王阳明继承了这一儒家观点，戏曲是古乐在当代的变体和发展，仍可发挥“化民善俗”的作用。对于戏剧表现的内容提出要求，应当删除“妖淫词调”，择选“忠臣孝子”的故事内容，以通俗易懂的方式，激起百姓的良知，如此于风化才是有益的。

> 古乐不作久矣！今之戏子，尚与古乐意思相近。……《韶》之九成，便是舜的一本戏子；《武》之九变，便是武王的一本戏子。圣人一生实事，俱播在乐中，所以有德者闻之，便知他尽善尽美，与尽美未尽善处。若后世作乐，只是做些词调，于民俗风化绝无关涉，何以化民善俗？今要民俗反朴还淳，取今之戏子，将妖淫词调俱去了，只取忠臣孝子故事，使愚俗百姓人人易晓，无意中感激他良知起来，却于风化有益。[①]

明中叶开启戏曲理论与创作开端的是李开先。李开先（1502—1568），字伯华，号中麓，山东章丘人。嘉靖八年（1529）进士，历官户部主事、吏部考功主事、员外郎、郎中，后升提督四夷馆太常寺少卿。因目睹朝政腐败，选择壮年归田，闲居终老。他的文学主张是“尚情贵真”，推崇与正统诗文异趣的戏曲小说，主张戏曲语言“俗雅俱备”“明白而不难知”。

李开先强调主体情感的自由抒发，主张以“随心写象”“感物造端”的方式进行创作，对文艺作品必须以情感人的审美效果非常重视。他的艺术目光也关注到了民间，相信“真诗只在民间”，并不排斥俗曲俗调，反倒认为“语意直出肺肝”，“其情尤足感人”，能够感化人心。他对待戏曲的观点体现在《〈改定元贤传奇〉后序》中，他在序言中言明了自己选择传奇的

---

① 陈多，叶长海. 中国历代剧论选注：修订本［M］. 上海：上海古籍出版社，2022：138.

标准。认为：

> 传奇凡十二科，以神仙道化居首，而隐居乐道次之，忠臣烈士、逐臣孤子又次之，终之以神佛、烟花、粉黛。要之激劝人心，感移风化，非徒作，非苟作，非无益而作之者。今所选传奇，取其辞意高古，音调协和，与人心风教俱有激劝感移之功。尤以天分高而学力到，悟入深而体裁正者，为之本也。①

对于传奇十二科的故事题材，他在书中的遴选标准是，“辞意高古，音调协和”，要具有较高艺术水准。将“徒作”“苟作”“无益”的作品一律排除在外。再则，作品具备艺术性和审美性，但不是自娱自乐，必须能劝感人心，发挥移风易俗的作用。对于何为正确的创作方向，他指出天分高、学力到、悟入深、体裁正等四个方面都达到要求，才是创作的正途。可见，李开先对待传奇的态度是兼顾艺术性和教育性，并以审美性作为首要标准。

正是基于对审美和社会效果的重视，他也把目光关注到传奇剧本舞台呈现的表演方面。他在著述《戏谑》中记录了当时舞台上一名叫颜容的演员刻苦训练演技的故事：

> 颜容，字可观……性好为戏，每登场，务备极情态，喉喑响亮，又足以助之。尝与众扮《赵氏孤儿》戏文，容为公孙杵臼，见听者无戚容，归即左手捋须，右手打其两颊尽赤，取一穿衣镜，抱一木雕孤儿，说一番，唱一番，哭一番，其孤苦感怆，真有可怜之色，难已之情。异日复为此戏，千百人哭皆失声。归，又至镜前，含笑深揖曰：

① 俞为民，孙蓉蓉. 历代曲话汇编：新编中国古典戏曲论著集成　明代编［M］. 合肥：黄山书社，2009：407.

“颜容，真可观矣。”①

这段论述，不仅仅让我们看到当时表演技艺的精湛，还让我们看到演员已经不局限于对人物形貌的刻画，而是要走进人物的精神世界，进行“以形传神”、内外兼备的塑造，如此才能感染台下观众，引起他们的共鸣。也只有观看这样精彩的表演，观众才能真的被剧中情节感染。戏剧人物公孙杵臼和程婴的忠、赵武的孝使观众在欣赏过程中，自然接受了作品中关于忠义千秋的主题，并在心灵上得以净化和升华。

作为一名出色的剧作家，李开先有《宝剑记》传世。他认为对于传奇作品而言，自然应做到教化人心，对于作者自身而言也是感怀而发，具有精神慰藉的作用。他在《宝剑记》后序中言道：“此乃所以为中麓也。古来抱大才者，若不得乘时柄用，非以乐事系其心，往往发狂病死。今借此以坐消岁月，暗老豪杰，奚不可也？”于他而言，官场失意，投身传奇，以此言志，反倒达到了教化世人的目的。

徐渭是明代文坛上的一名奇才和怪才，其戏曲观点独特且富有创见，影响很大。徐渭（1521—1593），字文长，号天池山人，又号青藤老人，山阴（今浙江绍兴）人。他早年热衷功名，却八试不第，后入浙闽总督胡宗宪幕下充当谋士，深受器重。他性情孤高耿介，疏狂荡逸，虽不乏权贵之交，却终难容于世俗，一生命运多舛，穷困潦倒。中年更发癫症，多次自戕未死，后因杀妻下狱，经好友救助，才得脱厄。晚岁衣食难继，靠卖字画为生，在贫病交迫中结束了一生。

徐渭是一名性情中人，视“情”为诗之根本，追求自然真切、自适随性的文风。以“真情”为本的文学观也影响到了他对戏曲的观念。他在《选古今南北剧序》言明：

---

① 俞为民，孙蓉蓉. 历代曲话汇编：新编中国古典戏曲论著集成　明代编［M］. 合肥：黄山书社，2009：391-392.

人生堕地，便为情使。聚沙作戏，拈叶止啼，情昉此已，迨终身涉境触事，夷拂悲愉，发为诗文骚赋，璀璨伟丽，令人读之喜而颐解，愤而眦裂，哀而鼻酸，恍若与其人即席挥尘，嬉笑悼唁于数千百载之上者，无他，摹情弥真则动人弥易，传世亦弥远，而南北剧为甚。[①]

人自出生便有情，诗文和南北剧都是人之真情，感怀而发，是真实情感的流露。作品源于情，更作用于情，同理戏以情感人，用情愈真，感人越深。对于自然真情的重视，也促成了他对戏曲言情的重视，据此他提出了著名的“本色论”。

对于“本色”范畴，徐渭认为主要包括两方面含义，一是“真”，二是“俗”。“本色”就是个体真实的自我，就是在戏曲表演中自然展现角色本有的性格内涵。他在《西厢序》中道：

世事莫不有本色，有相色。本色犹俗言正身也，相色，替身也。替身者，即书评中婢作夫人终觉羞涩之谓也。婢作夫人者，欲涂抹成主母而多插带，反掩其素之谓也。故余于此本中贱相色，贵本色，众人啧啧者我呴呴也，岂惟剧者，凡作者莫不如此。[②]

“本色”是真性情的流露，而“相色”不过是“婢作夫人”，代人演戏，既成不了真正的被模仿者，又掩饰了真实自我，两头都是假，徐渭因此明确表达了“贱相色，贵本色”的观点。

戏曲是在百姓之中有着普遍影响力的大众艺术，自然承担着移风易俗的职责，通俗性便于其发挥效果。因此，徐渭说：“曲本取于感发人心，歌之使奴、童、妇、女皆喻，乃为得体。……与其文而晦，曷若俗而鄙之易

① 徐渭. 徐渭集：全 4 册［M］. 北京：中华书局，1983.
② 徐渭. 徐渭集：全 4 册［M］. 北京：中华书局，1983.

晓也。”若能使人人“易晓”，“俗而鄙”又何妨，亦唯俗，才可使人人“易晓”。徐渭相信戏曲语言“越俗越雅，越淡薄越滋味，越不扭捏动人越自动人”。徐渭对戏曲“本色”的肯定，更多是从便于百姓接受的角度进行论述的。这与他对江南地域里南戏演剧的关注不无关系，他所作的《南词叙录》是戏曲史上第一部文人写作的关于南戏的史论著作。他认为流行于乡野山风、田间地埂的通俗艺术，对于百姓有着不同的审美教育价值。正是这种开放的艺术态度，使他能够从更为广博的视角看待艺术风格的分野，他对南、北曲的不同风格特征加以比较分析后，认为：“听北曲使人神气鹰扬，毛发洒淅，足以作人勇往之志。信胡人之善于鼓怒也，所谓‘其声噍杀以立怨’是已。南曲则纡徐绵眇，流丽婉转，使人飘飘然丧其所守而不自觉，信南方之柔媚也，所谓‘亡国之音哀以思’是已。”[①]

明代第二次文学复古运动的领袖王世贞，是嘉靖后期执掌文坛长达二十年之久的霸主。王世贞（1526—1590），字元美，号凤洲，又号弇州山人，江苏太仓州人，官至刑部尚书，与李攀龙（1514—1570，字于鳞）、宗臣（1525—1560，字子相）、梁有誉（1519—1554，字公实）、徐中行（1517—1578，字子舆）、吴国伦（1524—1593，字明卿）、谢榛（1495—1575，字茂秦）等结交唱和，史称“后七子”。他对于戏曲的主要观点出现在《曲藻》一书。从这里可知，王世贞是重视戏曲的教化功能的，在书中他直言《拜月亭》“无裨风教”乃是其一大缺陷。而更直接的原因是作品无法从情感上打动观众，使人落泪，这正是王世贞衡量戏曲作品艺术魅力的一条重要标准，即是否动人。他赞赏《琵琶记》“体贴人情，委曲必尽”，《荆钗记》“近俗而时动人”，批评《香囊记》“近雅而不动人”、《五伦全备记》则“是文庄元老大儒之作，不免腐烂”[②]。

---

① 徐渭.《南词叙录》注释［M］. 李复波，熊澄宇，注释. 北京：中国戏剧出版社，1989：76.

② 中国戏曲研究院. 中国古典戏曲论著集成　四［M］. 北京：中国戏剧出版社，1959：33-34.

另一位在戏曲理论上成就斐然的理论家是王骥德（1540—1623）。他的《曲律》几乎论及戏曲艺术的各个方面，是第一部全面论述戏曲艺术规律的理论著作。《曲律》一书也涉及对教化的论述：

> 古人往矣，吾取古事，丽今声，华衮其贤者，粉墨其慝者，奏之场上，令观者藉为劝惩兴起，甚或扼腕裂眦，涕泗交下而不能已，此方为有关世教文字。……故“不关风化，纵好徒然”，此《琵琶》持大头脑处，《拜月》只是宣淫，端士所不与也。[①]

王骥德显然赞同高则诚在《琵琶记》中倡导的戏曲须“关风化”的政教立场，但对他来说，这并非刻板的道德说教，而是作品以其震撼人心的力量，使观众在“扼腕裂眦”“涕泗交下”的情感激荡中获得“劝惩”的教育效果。

汤显祖是明后期戏曲领域中最受瞩目的一位，他在传奇剧作和戏曲理论方面所取得的成果，令同辈人望其项背。汤显祖（1550—1616），字义仍，号海若、若士、清远道人，江西临川人。万历时期的进士，曾任南京礼部主事，后转任广东徐闻、浙江遂昌，皆不得志，难以实现政治抱负。后因不满统治者的黑暗与腐败，弃官归里，直至老死。他著有《紫钗记》、《还魂记》(《牡丹亭》)、《邯郸记》、《南柯记》，合称为“临川四梦”（又称“玉茗堂四梦”）。此外他还写有大量诗文，收录于《玉茗堂集》。

汤显祖受到王阳明心学左派的影响，与李贽、袁宏道等人的思想比较接近，反对程朱理学的思想倾向，具有鲜明的个性解放意识。他对“存天理，灭人欲”的宗教教条禁锢人们的思想和用“忠孝节义”的封建礼教扼杀人的个性，深恶痛绝。他肯定人的本真感情的合理性，认同艺术教育的

① 王骥德. 王骥德曲律［M］. 陈多，叶长海，注释. 长沙：湖南人民出版社，1983：213.

特殊价值。他的艺术思想围绕着“情”字范畴展开，充满着人性光芒，突出戏曲艺术的情感特征，反对用“理”来压制和约束人的情感。“世总为情，情生诗歌，而行于神。”（《耳伯麻承游诗序》）“因情成梦，因梦成戏。”（《复甘义麓》）两句可以视作他“至情”思想的集中概括。

汤显祖认为，人的情感活动与天道自然是一样的，周而复始，循环往复，生生不息，这是天性，不应违背。如果人的情感郁积，应当通过正确的渠道排解，保持情绪的稳定，才能维系心理平衡。如果要用外力去堵塞它、泯灭它，是不可取的。“情致所极，可以事道，可以忘言。而终有所不可忘者，存乎诗歌、序记、词辩之间。固圣贤之所不能遗，而英雄之所不能晦也。”（《调象庵集序》）

他高度认同人之为人的“情”，将其视作创作的精神源泉。情感活动是审美活动的源泉，离开了情，也就没有审美活动，人的精神也将变得枯寂无聊。正是在这种观念的支持下，他展开驰骋的想象力，自由发挥出了天才的创造力，他将自己的作品看作“梦”剧。既是他自身激愤情感的宣泄，也表现了他对美好理想的追求，同时也为人世间提供了情感教育的“教材”和精神生活的“食粮”；既满足了他自身的审美欲求，也为社会做了贡献。他在《牡丹亭记题词》中说：

> 天下女子有情，宁如杜丽娘者乎！梦其人即病，病即弥连，至手画形容传于世而后死。死三年矣，复能溟莫中求得其所梦者而生。如丽娘者，乃可谓之有情人耳。情不知所起，一往而深。生者可以死，死可以生。生而不可与死，死而不可复生者，皆非情之至也。梦中之情，何必非真。天下岂少梦中之人耶。[①]

① 陈多，叶长海. 中国历代剧论选注：修订本［M］. 上海：上海古籍出版社，2022：195.

汤显祖特别重视戏曲的情感教育作用。《宜黄县戏神清源师庙记》不仅包含着因情而成戏的创作思想，也蕴含着因戏而生情的审美教化观念。戏曲可以使无情者生情，可以使无声者有声。他说：“一勾栏之上，几色目之中，无不纡徐焕眩，顿挫徘徊。恍然如见千秋之人，发梦中之事。使天下之人无故而喜，无故而悲。”戏曲感化人心的途径是丰富多彩的，综合了文辞、舞蹈、音乐等多种艺术形式，从乡野山间到廊庙殿堂，从雅到俗，从长到卑，都可以发挥它的情感教育作用。正如汤显祖所说，观赏戏曲能够使人得到一种平等看待，能使倨傲的显贵放下架子平等待人，能使吝啬之人好善乐施，无论瞽者、聋者、哑者、跛者，都可以从中得到无限的快乐和教益。他说：

> 可以合君臣之节，可以浃父子之恩，可以增长幼之睦，可以动夫妇之欢，可以发宾友之仪，可以释怨毒之结，可以已愁愦之疾，可以浑庸鄙之好。然则斯道也，孝子以事其亲，敬长而娱死；仁人以此奉其尊，享帝而事鬼；老者以此终，少者以此长。外户可以不闭，嗜欲可以少营。人有此声，家有此道，疫疠不作，天下和平。岂非以人情之大窦，为名教之至乐也哉！①

可见，汤显祖的“情”范畴所蕴含的思想内涵是非常丰富的，这也决定了“至情说”教化观的深刻性。

晚明戏曲教化思想深受王阳明心学思想的影响，集中表现在对人性、人情的探索，乃至成为戏曲的创作主旨。至汤显祖将其推崇至高潮后，一些戏曲家承继之余，对“情”的内涵亦有调整和拓新，出现“情”与“理”调和的变化。如吴炳（1595—1648）、孟称舜（约1599—1684）、陈鸿绶

① 陈多，叶长海. 中国历代剧论选注：修订本［M］. 上海：上海古籍出版社，2022：198，199.

（1598—1652）等。其中，孟称舜观点中“情”的所指内涵已经开始融入忠孝节义的内容。“天下义夫节妇，所为至死而不悔者，岂以是为理所当然而为之耶？笃于其性，发于其情，无意于世之称之，并有不知笑之为非笑者而然焉。……何者？性情所种，莫深于男女。而女子之情，则更无藉诗书理义之文以讽谕之，而不自知其所至，故所至者若此也。”[①] 事实上，“情与理”调和的苗头已经开启，由明入清后戏曲教化观念逐渐转变为由“情”返“理”的趋向，催生了戏曲教化观向新的方向变革。

第四节 守成态势的清代戏曲美育思想

清初戏曲教化观念延续和发展晚明“情理”调和的趋势，进一步拓展了“情”的外延和内涵，“理”逐步渗透其中，强调忠、孝、仁、义的伦理道德的内容，逐步成为“情”的重要内容，完成了由“情”返“理”的过渡。清初的戏曲作品题材中涌现出一批颂扬忠臣孝子和反思家国兴亡等内容的历史剧，如李玉的《清忠谱》、邱圆的《党人碑》等。至《桃花扇》《长生殿》两部以情见长的名剧，戏曲中所倡导的“情”已与汤显祖的言指有别。《牡丹亭》“以情为理”的主题归旨，在洪昇和孔尚任笔下变为“以情释理”。《桃花扇》中直言“借男女之离合，写家国之兴亡”，儿女情长为表征，家国兴亡的反思才是意旨。《长生殿》中以杨李爱情为主线，辅以安史之乱的背景，在“传概”中所申述的命意，“古今情场，问谁个真心到底？但果有精诚不散，终成连理……感金石，回天地，昭白日，垂青史，看臣忠子孝，总由情至”。剧中杨李两人“败而能悔”的意识，含而不露地发展了“情”的内涵，已异于晚明写情的男女相思之情。清康熙

① 蔡毅. 中国古典戏曲序跋汇编［M］. 济南：齐鲁书社，1989：1353.

年间的曲家嵇永仁在《续离骚》中云："填词者，文之余也。歌哭笑骂者，情所钟也。文生于情，始为真文；情生于文，始为真情。……缘情之所钟，正在我辈。忠孝节义，非情深者莫能解耳。"[①] 此处作者所言的真情，已基本等同于理的内涵。

李渔（1611—1680），初名仙侣，字谪凡，号天徒，别号湖上笠翁、随庵主人、笠道人、觉世稗官。原籍浙江兰溪，生于如皋（今属江苏）。少有才名，强闻博记，勤奋好学，能诗善文。李渔以巨大的创作热情，笔耕不辍，洋洋洒洒完成了数目惊人的作品。戏曲传奇有十六种之多，存世有《奈何天》《比目鱼》《怜香伴》《风筝误》《意中缘》《蜃中楼》《凰求凤》《玉搔头》《巧团圆》《慎鸾交》等，合称为《笠翁十种曲》，小说有《十二楼》《无声戏》等，诗文有《笠翁一家言》，美学著作有《闲情偶寄》。

《闲情偶寄》是一部涉猎广泛的百科全书式的美学著作，其中"词曲部""演习部""声容部"作为着重论述戏曲艺术规律和方法的部分，在继承前代戏曲思想精粹的基础上，提出了富有创见和个性见解的戏剧观点，尤其是从剧学视角提出关于作剧方法和搬演方法的真知灼见，被后辈奉为圭臬，影响深远。

李渔将戏曲教化功能放在首要位置。作为一名剧坛巨擘，他深谙作戏之道，尤其重视通过戏曲审美功能来娱乐观众。戏曲高台教化的功能，历来为文士看重，"厚人伦，美风化""不关风化体，纵好也徒然"的观念普遍为官方和文人所接纳。李渔的行事看似离经叛道，作品也多少有些迎合观众之嫌，但是在思想深处他是一个很正统的人，非常重视戏曲感化人心、移风易俗的作用。他不但沿袭了儒家的诗教观念，更视戏曲与诗文为同源，认为戏曲在宣传正统观念和归化民心风俗上有着不可忽视的作用。

---

① 蔡毅. 中国古典戏曲序跋汇编［M］. 济南：齐鲁书社，1989.

1. 视戏曲与诗文同源，倡导“正心易俗”功能

李渔驳斥将填词视作文人末技的观点，在《闲情偶寄》“词曲部·结构”第一章节中，提出填词（戏曲）与诗歌是同源，只是在文体上殊异，填词技艺是体现文人词采的重要形式。“吾谓：技无大小，贵在能精；才乏纤洪，利于善用。”“填词非末技，乃与史传诗文同源而异派者也。”历史上以词曲留名的名士并不鲜见，高则诚、王实甫、汤显祖诸人，无不是以名剧被后人垂爱。传奇作品的地位和影响，并不逊色于《汉书》《史记》，从文体演进的立场上看，他认为“元曲”应与“汉史”“唐诗”“宋词”并驾齐驱，是能够代表一代文学风貌的文学形态。

李渔在《闲情偶寄》的《凡例七则》“四期三戒”中，详细阐述了著述的目的，尤其是“四期”的言辞，处处围绕着正心易俗的归旨。

一期点缀天平。李渔曰：“圣主当阳，力崇文教。……方今海甸澄清太平有象，正文人点缀之秋也，故于暇日抽毫，以代康衢鼓腹。所言八事，无一事不新；所著万言，无一言稍故者，以鼎新之盛世，应有一二未睹之事、未闻之言以扩耳目，犹之美厦告成，非残朱剩碧所能涂饰榱楹者也。草莽微臣，敢辞粉藻之力！”李渔著述的目的是康衢鼓腹，歌颂太平盛世。此动机源于他认为文艺担负着文教的功能。李渔生于明末，参与科考，面对新的朝代全然没有明遗民心态，以草莽微臣自居，主动发挥粉藻之力。

一期崇尚俭朴。《闲情偶寄》以雅致的生活美学态度安居享受，倡导陶情，反对奢靡，“忌导人以奢”“皆寓节俭于制度之中，黜奢靡于绳墨之外”，杜绝败坏风俗，“使富贵之家日流于侈，是败坏风俗之书，非扶持名教之书也”。

一期规正风俗。李渔认为时世风俗靡荡日甚，皆是因为百姓喜新尚异，必须“新之有道，异之有方”，主张“以索隐行怪之俗，而责其全返中庸，必不得之数也。不若以有道之新，易无道之新，以有方之异，变无方之异”。他在撰写《闲情偶寄》时不辞劳苦，乐此不疲，对于他来说，这本

就是一件点缀太平的乐事、实事，“庶彼乐于从事，而吾点缀太平之念为不虚矣”。

一期警惕人心。在李渔看来风俗靡荡的原因在于人心之坏，欲正风气，关键在于先正人心。“风俗之靡，犹于人心之坏，正俗必先正心。”作为戏曲家，李渔认为涤荡民心的方式不是直来直去，劝世要通过假借方法，旁引曲譬让百姓乐于接受。“劝惩之意，绝不明言，或假草木昆虫之微，或借活命养生之大以寓之者，即所谓正告不足，旁引曲譬则有余也。实具婆心，非同客语，正人奇士，当共谅之。”

2. 明确戏曲“有裨风教”的教化功能

李渔非常重视戏曲的“风教”功能，并将其作为评价艺术作品的一项重要标准。他在《香草亭传奇序》中说：

> 从来游戏神通，尽出文人之手。或寄情草木，或托兴昆虫，无口而使之言，无知识、情欲而使之悲欢离合，总以极文情之变，而使我胸中磊块唾出殆尽而后已。然卜其可传与否，则在三事，曰情，曰文，曰有裨风教。情事不奇不传。文词不警拔不传。情文俱备而不轨乎正道，无益于劝惩，使观者听者哑然一笑而遂已者，亦终不传。是词幻无情为有情，既出寻常视听之外，又在人情物理之中，奇莫奇于此矣。而词华之美，音节之谐，与予昔著《闲情偶寄》。一书所论填词意义，鲜不合辙，有非“警拔”二字不足以概其长者。三美俱擅，词家之能事毕矣。①

情、文、有裨风教，三美是李渔评价作品是否能够流传的标准。情是故事情节，不奇不传，要能够在情节上博取观众的兴趣，寄情草木与托兴

① 李渔. 李渔全集：修订本 · 第 1 卷［M］. 杭州：浙江古籍出版社，1992：47.

昆虫，无不是艺术化的手法，将道理隐藏其中。文是文辞，华美和警拔，同样也是能够为人夸赞的重要内容。但是在李渔看来，情与文呈现出的是作品的审美形式，形式上的优劣取决于思想内容。情与文具备让观众哑然一笑并不值得肯定，关键在于行正道，益于劝惩，最终落脚在风教，让观众能够在欣赏作品中自觉地接受教育。审美形式与内容的统一，也就是三美俱擅，也是艺术作品的旨归。

3. 重视“真实性”与“通俗性”的教化效果

李渔熟悉戏曲创作的规律，精于商业思维，常年带领家班游走于市井之间，迎合官绅的道德观念和百姓声色之好的心理。因此，他尤其看重戏曲的观赏效果和教化效果，尤为重视戏曲作品的“真实性”和“通俗性”，这也是他作为成功戏剧家的生存法则。

“真实性”是戏曲艺术的生命，情节编织的关键在于处理真实和虚构之间的关系，“虚虚实实”“真真假假”本就是艺术创作的基本方法。李渔认为现实生活是戏曲创作的题材来源和依据，“凡作传奇，只当求于耳目之前，不当索诸闻见之外”。戏曲家的虚构也必须基于真实可信，为观众所熟悉和关心的人或事，一旦脱离情理逻辑，荒诞不经，则会使观众丧失兴趣。“凡说人情物理者，千古相传；凡涉荒唐怪异者，当日即朽。”另外，为了达到教化目的，李渔非常重视戏曲的通俗性，这既是由戏曲独特的艺术形态决定的，也与受众群体文化素养有关。明代戏曲家王骥德在《曲论》中言道：“白乐天每作诗，必令一老妪解之。问曰：‘解否？’妪曰：‘解。’则录之；‘不解。’则易之。作剧戏，亦须令老妪解得，方入众耳，此即本色之说也。”[①] 李渔提出“贵显浅”“忌填塞”的观点，主张文辞通俗易懂，义理明白通达。

此外，李渔不仅仅停留在对教化观念的理论阐述上，还以此为基础，

---

① 王骥德. 王骥德曲律［M］. 陈多，叶长海，注释. 长沙：湖南人民出版社，1983：200.

进一步深化了对剧作法则和表演理论的探讨和论述，从这个维度来看戏曲教化思想和实践体系，可谓非常独到的论述。

清代戏曲历史的发展在康熙一朝迎来短暂的辉煌，出现了李渔、孔尚任、洪昇等卓越的戏剧家，而后若高峰之后遂入断崖，进入了长时间的低迷期。直到乾隆时期在文人参与的创作上迎来了短暂的复苏，这也就是戏曲历史上第二个“教化剧”创作的高潮。乾隆十六年（1751），董榕（1711—1760）撰《芝龛记》，此剧以明代之覆亡为背景，讲述石柱女官秦良玉、道州游击沈云英先后为朝廷效忠，镇压农民起义的故事，最后以清兵入关，为崇祯之女长平公主举行婚礼而结束全剧。同年，夏纶（1680—1753）完成了他的剧作《惺斋五种曲》，五种之《无瑕璧》写君臣关系，意在表忠；《杏花村》写父子关系，意在教孝；《瑞筠图》写夫妇关系，意在劝节；《广寒梯》写朋友关系，意在劝义；而以《南阳乐》(《补恨》）兼赅忠、孝、节、义。乾隆十八年（1753），又续写《花萼吟》，写昆弟关系，意在教悌。如此“则君臣、父子、夫妇、昆弟、朋友分为五，而《补恨》仍附之”(《花萼吟》自跋），并称《新曲六种》。同样是在这一年，蒋士铨（1725—1785）完成了《藏园九种曲》的第一种《一片石》，讲述了明正德年间，宁王朱宸濠谋叛，娄妃泣谏劝阻宁王，未被采纳，愤而投河自尽的故事。他的其他作品：《冬青树》，讲述了文天祥、谢枋得殉难的事迹，意在表彰“往代孤忠”；《桂林霜》，讲述了康熙初三藩之乱中，马雄镇“殉厥封疆，合门靖难”的事迹，用以标榜“激扬风节”；《空谷香》，讲述了南昌县令顾瓒园之妾姚氏的故事，用以褒扬“贞魂烈性”。他以汤显祖为原型创作的《临川梦》，直言对汤显祖的追慕之心。在这部追慕偶像的作品中，蒋士铨将汤显祖刻画成一位“忠孝完人”，对剧作家亦可以提倡忠孝的观念高度认同。蒋士铨作为这一时期成就最高的戏剧家，对于戏曲教化的观点甚为推崇。他在《临川梦》中写道：“腐儒谈理俗难医，下士言情格苦卑。苟合皆无持正想，流连争赏诲淫词。”他既不满“言情”一派的佻达，又不满

“谈理”一派的迂腐，他试图调和两者的矛盾，使之兼善成美。他对戏曲审美的重视，可作为对此时期一味强调教化，致使戏曲创作流于空洞说教的错误观念的矫正。

乾隆之后，中国戏曲的发展迎来了重要转向，昆曲衰微，文人逐步退却戏曲创作，以皮簧为代表的地方戏曲开始孕育和发展，逐步走向舞台中心。随着时风转变，不断走向成熟的地方戏曲，逐步博得了底层文人的喜好。尤其是皮簧，不仅在京城的文化土壤下得以快速发展，还受到了慈禧太后等贵胄的青睐，成为当时最主流的戏曲艺术形态。

在这一过程中，已经有一些文人关注到了地方戏的演剧特点。例如，哲学家、戏曲理论家焦循（1763—1820）在《剧说》（六卷）中记载了几起观众观看《精忠记》的真实状况（如因愤恨秦桧而殴打演员的事件），生动地反映了戏剧对观众情感产生的不可忽视的影响。这些记载所涉及的人物有士大夫，也有樵子和百姓，可见戏剧教化的覆盖面是很广泛的。正是从这一点出发，教化论者把戏剧的作用与“诗教”联系起来，如安乐山樵（吴长元，旅居北京的文人）在《燕兰小谱》（四卷）中云：“梨园虽小道，而状古来之忠孝奸顽，使人感发惩创，亦诗教也。诗人之感，在士大夫；梨园之感，及乎乡童村女，岂曰小补之哉？”[①] 简言之，以上观点实际上仍延续了“诗教”观点，认为即便是俗乐亦在教化人心上具有不可忽略的作用。

结 语

中国戏曲中的教化观念是源远流长的，既继承了古代的“礼乐教化”思想，又在儒家“诗教”观念的影响下，不断丰富和完善，逐步形成了中

① 俞为民，孙蓉蓉. 历代曲话汇编：新编中国古典戏曲论著集成 清代编［M］. 合肥：黄山书社，2008：232.

国戏曲教化理论体系。“教化属于美育，是教育的一部分，但它是伴随着审美过程发生的，所以是美学的组成部分，因此，‘教化’也属于美学范畴。”[①] 用现代的审美视角重新审视戏曲的教化观念，并以此建设新时代的戏曲美育体系，是戏曲研究的新方向。

---

① 安葵. 戏曲美学范畴之教化论［J］. 四川戏剧，2018（12）：80-87.

第八章 新时代戏曲美育发展

第一节　戏曲进校园的政策变迁

在政府高度重视和有力领导之下，我国已经在中小学和大学院校初步建立了以美育为目标的戏曲教育体系。京剧、昆曲或地方戏进入校园，中小学语文或历史教材中开始涉及戏曲内容，一些地方省份、地区已经着手策划和出版了相应的戏曲进校园教材，课余戏曲社团普遍建立，高校中戏曲进校园演出成为常态，部分地区的“高参小”“高参中”等项目运行良好，地区性戏曲会演活动经常举办。从总体上看，戏曲进校园活动已经开始成为校园文化建设的重要组成部分，通过民族戏曲来提升学生审美水平，建立民族文化自觉和自信的观念和行为，成为教育界和社会各界的共识。

戏曲进校园，既是立足于对作为中国传统文化代表的戏曲艺术本身的保护与传播，又是校园文化建设的重要方式。戏曲进校园是一个系统工程，其在社会范围内广泛和深入开展需要科学的顶层设计，中央与地方联动，国家与社会力量共同参与。

民族戏曲曾经是全社会范围内最主流的娱乐方式，凝聚着中华文化精粹和传统道德文化价值观，深刻影响着中国人的精神生活。然而，随着西方文化的涌入和商业经济的冲击，以及现代娱乐手段的影响，20 世纪 80

年代以来戏曲观众群体逐渐衰微，剧团生存困难，戏曲文化生态环境恶化。面对如此现状，如何在戏曲舞台上培养新生的力量，如何在人群中传承和传播戏曲、扩大观众群基数，成为国家和一些热爱戏曲的人士关心的问题。各种振兴戏曲的方案明确提出，要从青少年入手，在校园中开展戏曲传承活动，从小培养孩子们的戏曲兴趣，为将来投身戏曲事业做准备，为未来形成一定的戏曲观赏和消费群体做准备。戏曲进校园活动从学生素质培养的角度受到了教育部门的关注和重视。1999 年，针对当时教育已经不能适应 21 世纪新型人才培养需要的问题，中共中央、国务院联合发布了《关于深化教育改革全面推进素质教育的决定》，指出由于主观和客观等方面的因素，我们的教育观念、教育体制、教育结构、人才培养模式、教育内容和教学方法相对滞后，影响了青少年的全面发展，不能适应提高国民素质的需要。我们有必要展开全面的教育革新，以应对未来的挑战。《关于深化教育改革全面推进素质教育的决定》提出：

> 实施素质教育应当贯穿于幼儿教育、中小学教育、职业教育、成人教育、高等教育等各级各类教育，应当贯穿于学校教育、家庭教育和社会教育等各个方面。在不同阶段和不同方面应当有不同的内容和重点，相互配合，全面推进。在不同地区还应体现地区特点，尤其是少数民族地区的特点。实施素质教育，必须把德育、智育、体育、美育等有机地统一在教育活动的各个环节中。学校教育不仅要抓好智育，更要重视德育，还要加强体育、美育劳动技术教育和社会实践，使诸方面教育相互渗透、协调发展，促进学生的全面发展和健康成长。[①]

素质教育成为人才培养的总方向，它将德育、智育、体育、美育等教

① 中共中央、国务院发布的《关于深化教育改革全面推进素质教育的决定》（中发〔1999〕9 号）文件。

育要求统一到教育活动各个环节中，使其成为学生全面素质培养不可缺少的组成部分。此外，《关于深化教育改革全面推进素质教育的决定》还对美育培养做出了专门的规定：

> 美育不仅能陶冶情操提高素养，而且有助于开发智力，对于促进学生全面发展具有不可替代的作用。要尽快改变学校美育工作薄弱的状况，将美育融入学校教育全过程。中小学要加强音乐、美术课堂教学，高等学校应要求学生选修一定学时的包括艺术在内的人文学科课程。开展丰富多彩的课外文化艺术活动，增强学生的美感体验，培养学生欣赏美和创造美的能力。①

随后，为了落实中央文件精神，教育部出台了《全日制义务教育艺术课程标准（实验稿）》（2001 年），文件详尽地对艺术课程的价值、理念、内容进行了总结，通过案例形式阐述了艺术课程的讲授方式。提出：

> 艺术课程作为义务教育阶段学生的必修课程，对学生的人格成长、情感陶冶以及智能的提高等，具有重要价值。艺术课程综合了音乐、美术、戏剧、舞蹈以及影视、书法、篆刻等艺术形式和表现手段，对学生的生活、情感、文化素养和科学认识等产生直接与间接的影响。艺术课程不是各门艺术学科知识技能数量的相加，而是综合发展学生多方面的艺术能力：艺术课程也不仅仅是培养学生的艺术能力，同时还培养学生的整合创新、开拓贯通和跨域转换的多种能力，促进人的全面发展。②

---

① 中共中央、国务院发布的《关于深化教育改革全面推进素质教育的决定》（中发〔1999〕9 号）文件。

② 教育部出台的《全日制义务教育艺术课程标准（实验稿）》。

《全日制义务教育艺术课程标准（实验稿）》将戏剧课程纳入艺术课程，将其置于与音乐、美术等已经开设多年的艺术课程同等重要的位置。

2002 年，教育部颁发了《全国学校艺术教育发展规划（2001—2010 年）》，对未来十年的全国艺术教育工作提出了明确要求，并从管理、师资、教材、活动等方面的工作进行了具体的安排和指导。对于艺术教育的目标，提出："至 2005 年，乡（镇）中心校以上小学、初中，以及高中阶段教育各类学校和普通高等学校，都应配齐专职艺术教师，规模较大的学校应改立艺术教研组织。至 2010 年，除了环境不利的地区，乡（镇）中心校以下小学也要配齐专职艺术教师或能胜任艺术教学工作的兼职教师。"① 对于学校艺术教育的主要任务，提出："实验、推广和实施国家艺术课程标准。中小学 2005 年将全部使用相程标准编写的教科书，高中从 2003 年起以省（自治区、直辖市）为单位逐步进入新课程标准的实验工作。……各级教育行政部门要认真组织高等师范学校、教研科研机构及中小学艺术教师积极参与艺术类课程教材改革实践。……高中阶段艺术课程和教材的改革应体现多样性、选择性的特点。使学生在普遍达到艺术课程基本要求的前提下，实现对艺术课程各个学习领域的自主选择。"② 对于艺术教材的建设，提出："通过教材审查和评选推出若干套符合素质教育要求的、高质量的艺术课教材，供各地学校选用。至 2010 年，基本实现基础教育阶段艺术课教材的现代化、多样化。"③ 在教学方法上，则要求"艺术教师应充分利用和开发本地区、本民族的文化艺术教育资源，重视现代教育技术和手段的学习和应用，逐步实现教学形式的现代化、多样化，拓展艺术教育的空

① 教育部颁发的《全国学校艺术教育发展规划（2001—2010 年）》（教体艺〔2002〕6 号）通知。

② 教育部颁发的《全国学校艺术教育发展规划（2001—2010 年）》（教体艺〔2002〕6 号）通知。

③ 教育部颁发的《全国学校艺术教育发展规划（2001—2010 年）》（教体艺〔2002〕6 号）通知。

间，提高艺术教学的质量”[①]。对于课外的艺术活动，亦要予以足够的重视：“各级各类学校开展课外、校外艺术活动，要做到有计划、有措施、有师资、有制度。要因地制宜，充分利用一切有利条件，普遍成立各种艺术活动小组和社团。要充分发挥社会文艺团体和艺术家的作用，帮助学校开展艺术活动，指导教师提高业务水平。除单项艺术活动外，学校应定期举办综合性的艺术节。全国每三年举办一次中小学生艺术节，每四年举办一次大学生艺术节。各地也要形成相应的制度。”[②]

随着美育观念在教育领域中的深入，艺术课程得到了相应的重视，但也存在一些问题：不同艺术门类的性质和特点存在差异；推广中存在竞争；戏曲作为传统艺术的代表，在艺术课程普及中不占优势；等等。但由于其特殊的文化价值，有必要针对其存在的问题，展开相应的推广措施。在这样的背景下，2008 年 3 月 6 日，教育部办公厅专门发布了《关于开展京剧进中小学课堂试点工作的通知》（简称《通知》）。《通知》“决定将京剧纳入九年制义务教育阶段音乐课程中，并在已修订的《义务教育音乐课程标准》中增加了有关京剧教学的内容，确定了 15 首京剧经典唱段作为中小学音乐课的教学内容。根据不同学段学生的具体情况，新的《义务教育音乐课程标准》将 15 首京剧唱段分别安排在 9 个年级”。[③]《通知》优先确定了 10 个省市作为试点，率先开始京剧进校园工作，待经验成熟了再向全国推广。“教育部决定 2008 年 3 月到 2009 年 7 月在北京、天津、黑龙江、上海、江苏、浙江、江西、湖北、广东、甘肃 10 省市开展试点工作，并在试点的基础上逐步向全国推开。每个试点的省市在本地选择 20 所中小学校，

---

① 教育部颁发的《全国学校艺术教育发展规划（2001—2010 年）》（教体艺〔2002〕6 号）通知。

② 教育部颁发的《全国学校艺术教育发展规划（2001—2010 年）》（教体艺〔2002〕6 号）通知。

③ 教育部办公厅发布的《关于开展京剧进中小学课堂试点工作的通知》。

其中小学 10 所，初中 10 所，作为京剧进中小学课堂的试点学校。”[①]《通知》还对 15 首京剧剧目唱段做出了详细的规定，并根据年级特点进行了细化。“一年级《报灯名》、二年级《穷人的孩子早当家》、三年级《都有一颗红亮的心》与《甘洒热血写春秋》、四年级《接过红旗肩上扛》与《万紫千红分外娇》、五年级《要学那泰山顶上一青松》与《猛听得》、六年级《包龙图打坐在开封府》与《你待同志亲如一家》、七年级《儿行千里母担忧》与《猛志在胸催解缆》、八年级《趁夜晚》与《这一封书信来得巧》、九年级《智斗》等。”[②] 这是最早按照美育标准对京剧剧目进行界定的举措，剧目融合了传统戏和样板戏的内容，遴选的唱段能够反映出京剧艺术的审美特征和思想内涵，为戏曲进校园的剧目遴选工作，提供了重要的参考标准。

随着国家软实力的提升，中国传统文化逐步受到社会重视。2014 年，习近平总书记主持召开文艺工作座谈会并作重要讲话，深刻阐述了文艺和文艺工作的地位作用和重大使命，创造性地回答了事关文艺繁荣发展的一系列带有根本性、方向性的重大问题，对在新的历史条件下做好文艺工作做出了全面部署。2015 年，国务院办公厅印发《关于支持戏曲传承发展的若干政策》，作为一项重要的国家文化发展政策，提高了戏曲在弘扬优秀的中国传统文化、丰富人民群众精神文化生活的重要作用，使其文化功能与地位得到了前所未有的重视。《关于支持戏曲传承发展的若干政策》对学校戏曲通识教育提出了新的要求和指导性意见：

> 加大戏曲普及和宣传（十九）加强学校戏曲通识教育。结合学校教育实际，强化中华优秀传统文化特别是戏曲内容的教育教学。大力推动戏曲进校园，支持戏曲艺术表演团体到各级各类学校演出，鼓励大中小学生走进剧场。大中小学应采取多种形式，争取每年让学生免

---

① 教育部办公厅发布的《关于开展京剧进中小学课堂试点工作的通知》。

② 教育部办公厅发布的《关于开展京剧进中小学课堂试点工作的通知》。

费欣赏到1场优秀的戏曲演出。向中小学生推荐优秀戏曲。严把到学校演出和向学生推荐的戏曲剧目的内容质量关。鼓励学校建设戏曲社团和兴趣小组，鼓励中小学与本地戏曲艺术表演团体合作开展校园戏曲普及活动。鼓励中小学特聘校外戏曲专家和非物质文化遗产传承人担任学校兼职艺术教师。[①]

同年，中共中央又公布了一项针对文艺工作的重要文件——《中共中央关于繁荣发展社会主义文艺的意见》，提出了重视戏曲进校园工作，并首次提出要“建设一批中华优秀传统文化教育基地”。

2017年1月，中共中央办公厅、国务院办公厅印发《关于实施中华优秀传统文化传承发展工程的意见》，重申了中华优秀传统文化在学生教育中的功能和作用，明确提出了“贯穿国民教育始终”的概念：

围绕立德树人根本任务，遵循学生认知规律和教育教学规律，按照一体化、分学段、有序推进的原则，把中华优秀传统文化全方位融入思想道德教育、文化知识教育、艺术体育教育、社会实践教育各环节，贯穿于启蒙教育、基础教育、职业教育、高等教育、继续教育各领域。以幼儿、小学、中学教材为重点，构建中华文化课程和教材体系。编写中华文化幼儿读物，开展“少年传承中华传统美德”系列教育活动，创作系列绘本、童谣、儿歌、动画等。修订中小学道德与法治、语文、历史等课程教材。推动高校开设中华优秀传统文化必修课，在哲学社会科学及相关学科专业和课程中增加中华优秀传统文化的内容。加强中华优秀传统文化相关学科建设，重视保护和发展具有重要文化价值和传承意义的“绝学”、冷门学科。推进职业院校民族文化传

① 国务院办公厅印发的《关于支持戏曲传承发展的若干政策》（国办发〔2015〕52号）文件。

承与创新示范专业点建设。丰富拓展校园文化，推进戏曲、书法、高雅艺术、传统体育等进校园，实施中华经典诵读工程，开设中华文化公开课，抓好传统文化教育成果展示活动。研究制定国民语言教育大纲，开展好国民语言教育。加强面向全体教师的中华文化教育培训，全面提升师资队伍水平。[①]

同年 8 月，中宣部、教育部、财政部、文化部四部委又联合出台了《关于戏曲进校园的实施意见》，明确要求：

全国大中小学应结合学校教育实际及不同年龄段学生身心特点，选择优秀、经典、适合学生观看的戏曲艺术作品，坚持多措并举，原则上以组织戏曲艺术表演团体进校园演出和组织学生走进剧场现场观看为主，同时结合各类公益演出、戏曲进乡村等文化惠民活动和戏曲文化讲座，以及通过互联网和多媒体观看经典剧目、戏曲动漫等多种形式进行。戏曲演出要同讲解、示范等形式结合起来，加强普及教育。[②]

《关于戏曲进校园的实施意见》进一步强调戏曲进校园工作的重要性，是对多年来已经在校园中开展的戏曲美育活动的肯定和认可，并在此基础上提出了新的指导意见，为戏曲进校园活动提供了明确的政策保证和支持。《关于戏曲进校园的实施意见》还要求“各省（区、市）建立宣传部门牵头，教育、财政、文化等部门参与的戏曲进校园工作组织和协调机制，参与部门各负其责，协调推进工作的具体落实”。《关于戏曲进校园的实施意

① 2017 年 1 月，由中共中央办公厅、国务院办公厅印发的《关于实施中华优秀传统文化传承发展工程的意见》。

② 2017 年 8 月，由中宣部、教育部、财政部、文化部出台的《关于戏曲进校园的实施意见》。

见》出台以来，各地方政府也陆续制定和发布了结合本地域条件的戏曲进校园的政策和方针，在全国范围内形成了良好的戏曲进校园形势。

第二节 高校戏曲进校园的美育效果及趋势

高校学生群体是戏曲文化传承和传播的重要审美对象，为了提升青年学生的艺术修养和精神境界，满足其精神文化生活的需求，创建“向真、向善、向美、向上”的校园文化，优化艺术教育环境，教育部于 2005 年在全国高校开展了以演出交响乐为主要形式的普及高雅艺术活动。2006 年，活动规模扩大，由教育部、文化部、财政部联合举办高雅艺术进校园活动，实行由政府购买文艺院团服务，为广大学生提供免费欣赏高雅艺术的途径。高雅艺术进校园活动以立德树人为任务，以以美育人、以美化人、以美培元为宗旨，以改进学校美育教育、提高学生审美和人文素质为目标，实现了全国 31 个省的全覆盖，并注重向中西部高校倾斜，覆盖千余所高校，包括各类本科、专科和高职院校，受众人数累积近千万。活动持续至今，在高校领域产生了广泛影响，已经成为高校美育的重要品牌。

高雅艺术进校园活动的主要形式是组织国家艺术院团和优秀地方艺术院团（五个一工程、文华大奖等获奖院团）赴高校演出，艺术门类包括交响乐、合唱、民族音乐、民族歌舞、外国歌舞、芭蕾舞剧、话剧、民族舞剧、中国歌剧、外国歌剧、京剧、昆曲、地方戏曲等，该活动还组建全国普通高校艺术教育专家讲学团赴中西部高校讲学，组织高校学生走进国家大剧院和美术馆等公共艺术场馆观看经典演出和精品展览等。高雅艺术进校园活动是一个系统活动，高校与艺术院团场馆对接，将最优质的社会艺术资源带给学生，涉及的艺术种类丰富、形式多样、内容丰富，充分满足了学生的多元需求，经过数十年的发展，积累了丰富的经验，取得了可喜的成果，在全国高校艺术教育中发挥着引领示范的作用。

京剧、昆曲、地方戏曲是高雅艺术进校园活动的重要组成部分，随着国家对中华优秀传统文化传承的重视，戏曲在推广过程中得到了相应的扶持和保护。2016 年是高雅艺术进校园活动的 10 周年，《十年坚守不忘初心 春风化雨润物无声——高雅艺术进校园十周年综述》专项论述了戏曲进校园的重要性，并对未来工作提出了方向性建议。“特别加大戏曲这一表现和传承中华优秀传统文化的重要载体的普及，专门组织开展京剧、昆曲、秦腔、黄梅戏等戏曲类专场演出和专题讲座 140 场左右，占全年活动场次的 30% 以上。”[①] 高雅艺术进校园活动是教育领域从时间、规模和影响上具有代表性的项目，从中观察和分析戏曲在高校的传承和传播情况，能够宏观和清晰地反映出戏曲在学生群体中的接受和影响情况。

一、高雅艺术进校园活动中的戏曲演出场次情况[②]

近些年来，高雅艺术进校园活动的全年演出场次在逐渐提高，以 2016 年、2017 年、2018 年为例：2016 年高雅艺术进校园组织了 16 个专业院团，赴全国 30 个省（区、市）共计演出了京剧、昆剧、话剧、交响乐、歌剧、芭蕾舞、舞剧、民族民间音乐歌舞及地方戏曲等艺术形式共计 290 场；2017 年增长到 360 余场；2018 年增长到 384 场。

在年度演出规划中，以戏曲为代表的传统艺术形式得到了数量上的倾斜和保障。以 2018 年的演出规划为例，384 场演出剧目大体分为三个类型：中国传统经典剧目、中国现代经典剧目和西方经典剧目。其中，以中国现代经典剧目为主，如民族舞剧《丝路花雨》《大梦敦煌》、民族管弦乐

① 2017 年《高雅艺术进校园活动秩序册》（教育部、文化部、财政部印制）。

② 2019 年末，新冠疫情影响“高雅艺术进校园”活动的开展，数据缺失，因此截止于 2018 年。

《泱泱国风》、现代秦腔《大树西迁》等剧目共有 241 场，占全部演出剧目的 62.76%；除此之外，有 74 场演出以中国传统经典剧目为主，如京剧《四郎探母》、黄梅戏《女驸马》、昆曲《牡丹亭》等，占全部演出剧目的 19.27%；其余的 69 场演出以西方经典剧目为主，如《世界歌剧经典音乐会》、芭蕾《天鹅湖》和交响乐等，占全部演出剧目的 17.97%。在此基础上单独计算戏曲演出剧目为 90 场，占总体演出剧目的 23.44%，超过五分之一。戏曲演出剧种涵盖京剧、昆曲、越剧、秦腔、黄梅戏，题材包含传统剧目和新编剧目，这些内容能够让大学生领略传统戏曲和现代戏曲的形式特征和思想内容，感受戏曲艺术之美，对普及和推广戏曲发挥了积极作用。

表 8-1 为 2014—2018 年高雅艺术进校园活动中的戏曲剧目演出情况。从剧目上看，京剧、昆曲以经典的传统戏为主，而地方戏曲则以新编剧目为传播重点。

表 8-1　2014—2018 年高雅艺术进校园活动中的戏曲剧目演出情况

时间	院团	剧目	题材	场次	总计
2014 年	国家京剧院	京剧《锁麟囊》	传统剧目	34	58
		京剧《红娘》	传统剧目		
		京剧《清风亭》	传统剧目		
		京剧《杨门女将》	传统剧目		
	安庆再芬黄梅艺术剧院	黄梅戏《女驸马》	传统剧目	12	
		《黄梅戏经典折子戏》	传统剧目		
	陕西省戏曲研究院	秦腔《西京故事》	新编剧目	12	
2015 年	国家京剧院	京剧《锁麟囊》	传统剧目	34	66
		京剧《望江亭》	传统剧目		
		京剧《安国夫人》	新编剧目		
	上海昆剧团	昆曲《牡丹亭》	传统剧目	8	
	安庆再芬黄梅艺术剧院	黄梅戏《女驸马》	传统剧目	12	
	陕西省戏曲研究院	秦腔《西京故事》	新编剧目	12	

续表

时间	院团	剧目	题材	场次	总计
2016 年	国家京剧院	京剧《西安事变》	新编剧目	34	66
		京剧《浮士德》	新编剧目		
		京剧《伏生》	新编剧目		
		京剧《凤还巢》	传统剧目		
		京剧《四郎探母》	传统剧目		
		京剧《对花枪》	传统剧目		
	安庆再芬黄梅艺术剧院	黄梅戏《女驸马》	传统剧目	16	
	陕西省戏曲研究院	秦腔《西京故事》	新编剧目	16	
2017 年	国家京剧院	京剧《凤还巢》	传统剧目	10	82
		京剧《西安事变》	新编剧目		
		京剧《桃花村》	传统剧目	12	
		京剧《党的女儿》	新编剧目	12	
	北方昆剧院	昆曲《牡丹亭》	传统剧目	5	
		昆曲《西厢记》	传统剧目	5	
	上海昆剧团	昆曲《牡丹亭》	传统剧目	5	
		昆曲《墙头马上》	传统剧目	5	
	浙江越剧团	越剧《长乐宫》	传统剧目	12	
		《越剧经典折子戏专场》	传统剧目		
	陕西省戏曲研究院	秦腔《西京故事》	新编剧目	16	
2018 年	国家京剧院	京剧《凤还巢》	传统剧目	34	90
		京剧《红娘》	传统剧目		
		京剧《锁麟囊》	传统剧目		
	上海昆剧团	昆曲《牡丹亭》	传统剧目	9	
		昆曲《雷峰塔》	传统剧目		
	浙江越剧团	越剧音乐诗画剧《牡丹亭》	传统改编	12	

续表

<table>
<tr><th>时间</th><th>院团</th><th>剧目</th><th>题材</th><th>场次</th><th>总计</th></tr>
<tr><td rowspan="5">2018 年</td><td>浙江越剧团</td><td>《越华如水·越剧精品折子戏》</td><td>新编剧目</td><td>12</td><td rowspan="5">90</td></tr>
<tr><td>安庆再芬黄梅艺术剧院</td><td>黄梅戏《女驸马》</td><td>传统剧目</td><td>19</td></tr>
<tr><td>河北省梆子剧院</td><td>河北梆子《李保国》</td><td>新编剧目</td><td>8</td></tr>
<tr><td rowspan="2">陕西省戏曲研究院</td><td>秦腔《大树西迁》</td><td>新编剧目</td><td rowspan="2">8</td></tr>
<tr><td>秦腔《西京故事》</td><td>新编剧目</td></tr>
</table>

数据来源：教育部、文化部、财政部 2014—2018 年《高雅艺术进校园活动秩序册》。

通过表 8-1 的数据可见，剧团进校园演出的剧目无论是传统戏还是现代戏都是经过遴选，能够代表本剧种和本剧团艺术风格和水准的剧目。但也存在一些问题，遴选的剧团基本是固定的，演出的剧目也有较高的重复性。例如，秦腔《西京故事》成为陕西省戏曲研究院连续 5 年在戏曲进校园演出中的保留剧目，上演频率非常高，难免在观赏上使学生觉得乏味，再者单一现代戏风格剧目，也不能完全呈现秦腔古老剧的风格特点，可根据剧目演出数量要求进行搭配调节。

戏曲进校园演出活动是指定院团每年的常规演出任务，能够根据学生观众特点制订剧目演出计划，持续性和步骤性地展现出剧团艺术特色和剧种特点。通过戏曲进校园演出活动，学校层面能够加强与剧团的及时沟通，培养学生的观剧兴趣，最大限度地发挥活动效果。

二、高雅艺术进校园活动高校及学生分布情况

高雅艺术进校园活动在区域布局上，倾向于艺术教育资源相对不足的中西部地区高校，在层次布局上以普通高校为主，在受众人群上覆盖范

围广泛，通过2016—2018年的活动数据能够清晰呈现这一状况（图8-1，表8-2）。

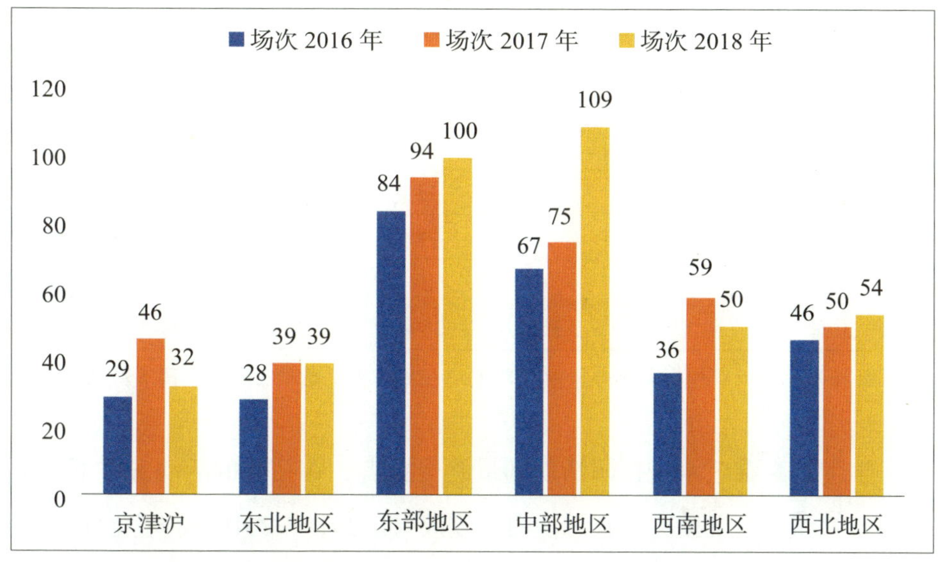

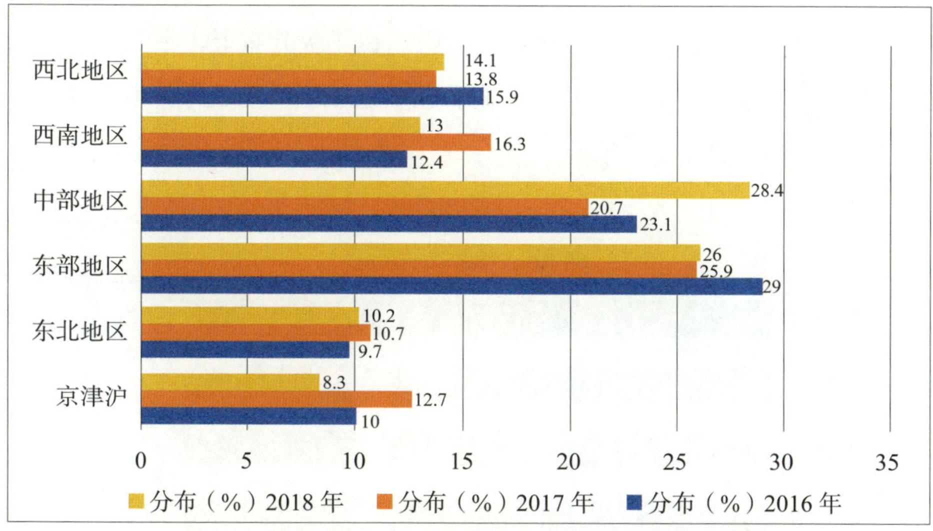

图8-1 2016—2018年高雅艺术进校园活动演出地域分布

表 8-2　2016—2018 年高雅艺术进校园活动高校分布

高校层次	演出场次			分布		
	2016年	2017年	2018年	2016年	2017年	2018年
985 工程院校	17	20	23	5.9%	5.5%	6.0%
211 工程院校	41	32	34	14.1%	8.8%	8.9%
普通本科—大学	122	123	135	42.1%	33.9%	35.2%
普通本科—学院	50	92	97	17.2%	25.3%	25.3%
独立学院	9	13	15	3.1%	3.6%	3.9%
高职高等专科	50	82	78	17.2%	22.6%	20.3%
其他	1	1	2	0.3%	0.3%	0.5%
总计	290	363	384	100%	100%	100%

数据来源：教育部、文化部、财政部2013—2018年《高雅艺术进校园活动秩序册》。

学生是高雅艺术进校园活动的最终受益者，在精心的活动安排下，学生的态度和行为直接决定着活动的实施效果。2014—2018 年学生性别特征和年级特征的统计（图 8-2，表 8-3）能够清晰呈现活动的影响。

由图 8-2 可知，女生的比例高于男生。在年级分布上，主要以一、二年级的新生为主（表 8-3）。可见，高雅艺术进校园活动成为新生了解和学习高雅艺术的重要途径和渠道。

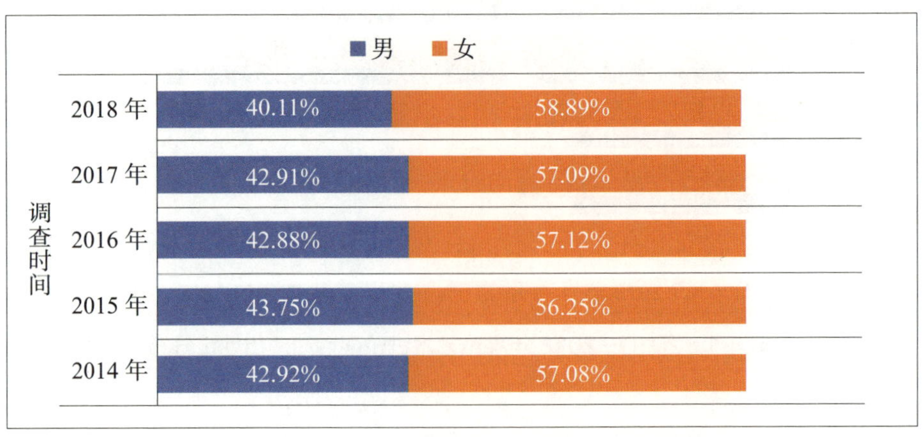

图 8-2　2014—2018 年高雅艺术进校园活动学生性别特征统计

表 8-3 2014—2018 年高雅艺术进校园活动学生年级特征统计

问卷分组			数据结果				
			2014年	2015年	2016年	2017年	2018年
院团演出·学生调查	年级	大学一年级	54.03%	42.42%	50.76%	51.66%	53.44%
		大学二年级	25.53%	23.36%	24.45%	30.53%	28.08%
		大学三年级	9.08%	12.18%	12.55%	11.80%	11.09%
		四年级及以上	2.37%	4.26%	4.27%	3.59%	3.57%
		研究生	1.56%	1.01%	4.12%	2.02%	2.99%
		其他	7.43%	16.77%	3.85%	0.40%	0.83%
	总计		100%	100%	100%	100%	100%
专家讲学·学生调查	年级	大学一年级	—	37.64%	65.30%	56.15%	55.91%
		大学二年级	—	33.46%	24.36%	25.91%	26.90%
		大学三年级	—	15.73%	6.31%	14.32%	10.46%
		四年级及以上	—	4.6%	1.28%	1.28%	4.55%
		研究生	—	1.01%	2.00%	1.31%	1.33%
		其他	—	7.56%	0.75%	1.03%	0.85%
		总计	—	100%	100%	100%	100%
总计	年级	大学一年级	—	43.43%	52.83%	51.97%	53.64%
		大学二年级	—	27.40%	27.44%	30.21%	27.98%
		大学三年级	—	12.70%	11.66%	11.98%	11.04%
		四年级及以上	—	4.31%	3.84%	3.43%	3.65%
		研究生	—	1.01%	3.82%	1.98%	2.85%
		其他	—	11.15%	0.41%	0.43%	0.84%
	总计		—	100%	100%	100%	100%

从 2014—2018 年高雅艺术进校园活动学生专业特征统计（表 8-4）数据上看，覆盖的学科比较齐全，统计样本具有普遍性，数据分布稳定，波动幅度不大。从表 8-4 中可以看出工科学生占的比例最大，连续五年均在 18% 左右，艺术学和经济学的学生比例也相对较高。

表 8-4 2014—2018 年高雅艺术进校园活动学生专业特征统计

专业类别	院团演出 · 学生调查				
	2014年	2015年	2016年	2017年	2018年
工学	20.85%	18.39%	25.43%	17.94%	18.84%
艺术	11.27%	13.06%	12.47%	10.02%	10.89%
经济	11.38%	11.05%	10.88%	11.60%	10.98%
理学	9.11%	8.31%	8.34%	7.70%	8.72%
管理学	7.30%	7.31%	6.75%	9.23%	9.24%
医学	5.50%	7.96%	5.51%	7.08%	8.42%
文学	5.97%	5.02%	5.08%	7.21%	7.45%
法学	4.42%	4.13%	4.34%	4.89%	4.21%
教育学	5.82%	5.03%	4.02%	8.84%	8.20%
农学	2.54%	1.81%	3.25%	1.15%	1.57%
哲学	3.24%	2.58%	2.83%	2.89%	2.47%
历史学	1.10%	0.82%	1.16%	1.97%	1.69%
军事学	0.48%	0.70%	0.47%	0.84%	0.55%
其他	11.02%	13.83%	9.47%	8.64%	6.77%
总计	100%	100%	100%	100%	100%

三、高雅艺术进校园活动的学生偏好及评价

高雅艺术进校园活动的对象是广大高校学生，是否达到预期的效果和目的是活动的意义所在。通过学生是否真正喜爱他们所参与的活动、对活动是否有较高的评价可以看出活动是否对学生成长起到积极作用。通过相关数据，我们能够清晰地看到学生对高雅艺术的整体态度，尤其是戏曲与其他艺术在同样竞争条件下的处境。

1. 学生对演出形式的偏好

“演出形式偏好”主要是指学生在众多演出艺术形式上的选择。调查采

取两种方式对学生在这些演出形式上的选择偏好进行分析。一是通过对被选择在“第一位序”上的选项内容的分析，来了解最受学生喜爱的演出形式是哪些；二是综合分析排在前三位的选项内容，以全面了解最受学生欢迎的三种演出形式。

（1）第一位的“演出形式”排序（表 8-5）。

表 8-5　第一位的“演出形式”排序

演出形式	2015年选择偏好		2016年选择偏好		2017年选择偏好		2018年选择偏好	
	选择人数	百分比	选择人数	百分比	选择人数	百分比	选择人数	百分比
交响乐	6867	24.23%	6424	24.67%	12122	29.90%	1633	4.32%
合唱	2592	9.15%	2457	9.44%	4699	11.59%	914	2.42%
民族音乐	3021	10.66%	2696	10.36%	5470	13.50%	6816	18.02%
民族歌舞	3216	11.35%	2607	10.01%	4496	11.09%	3540	9.36%
外国歌舞	1346	4.75%	1138	4.37%	2057	5.08%	476	1.26%
芭蕾舞剧	2880	10.16%	2502	9.61%	3196	7.89%	1320	3.49%
话剧	3625	12.79%	3496	13.43%	4816	11.88%	2756	7.29%
民族舞剧	930	3.28%	901	3.46%	731	1.80%	1404	3.71%
中国歌剧	1573	5.55%	1531	5.88%	803	1.98%	1928	5.10%
外国歌剧	916	3.23%	884	3.40%	596	1.47%	516	1.36%
京剧	782	2.76%	797	3.06%	893	2.20%	10956	28.97%
昆曲	160	0.56%	193	0.74%	235	0.58%	2575	6.81%
地方戏曲	248	0.88%	280	1.08%	283	0.70%	2776	7.34%
其他	185	0.65%	77	0.30%	135	0.33%	208	0.55%
流行音乐等	—	—	52	0.20%	—	—	—	—
总计	28341	100%	26035	100%	40532	100%	37818	100%

由表 8-5 可知，2015 年、2016 年、2017 年京剧、昆曲、地方戏曲抽样人数较少，在学生群体中影响较低，无法吸引学生兴趣。2018 年出现可喜变化，抽样人数超过千人，尤其是京剧数值超过 10000 人，偏好高达

28.97%，成为所有艺术形式中最受学生偏好的演出形式，可见戏曲推广效果显著。

（2）前三位的“演出形式”排序（表 8-6）。

表 8-6 前三位的“演出形式”排序

演出形式	2015年选择偏好		2016年选择偏好		2017年选择偏好		2018年选择偏好	
	选择人数	百分比	选择人数	百分比	选择人数	百分比	选择人数	百分比
交响乐	11211	24.23%	10656	13.78%	15863	6.05%	7103	6.05%
合唱	7901	9.15%	7576	9.80%	11930	4.84%	5285	4.84%
民族音乐	9267	10.66%	8883	11.49%	13761	12.02%	14101	12.91%
民族歌舞	10019	11.35%	8502	11.00%	12539	10.96%	12461	11.41%
外国歌舞	5579	4.75%	4709	6.09%	7969	6.96%	3025	2.77%
芭蕾舞剧	8408	10.16%	7344	9.05%	10836	9.47%	5837	5.34%
话剧	9711	12.79%	8607	11.13%	15607	13.64%	9887	9.05%
民族舞剧	5019	3.28%	4536	5.87%	7277	6.36%	8670	7.94%
中国歌剧	6095	5.55%	5815	7.52%	6047	5.28%	7646	7.00%
外国歌剧	4409	3.23%	4249	5.49%	3901	3.41%	3293	3.02%
京剧	3193	2.76%	3012	3.90%	4593	4.01%	14435	13.22%
昆曲	1086	0.56%	1200	1.55%	1984	1.73%	7982	7.31%
地方戏曲	1467	0.88%	1829	2.37%	1829	1.60%	7522	6.89%
其他	577	0.65%	268	0.35%	312	0.27%	1965	1.80%
流行音乐等	—	—	140	0.18%	—	—	—	—

由表 8-6 可知，在前三位的“演出形式”排序中 2015—2018 年的大学生群体对不同形式演出节目的偏好是趋于稳定的，交响乐是学生喜闻乐见

的演出形式，合唱、民族音乐、民族歌舞、外国歌舞、芭蕾舞剧、话剧也是学生喜欢和关注的艺术形式。京剧、昆曲、地方戏曲尚不能引起学生的观看热情，抽样人数和比例较低，呈现出的结果堪忧。2018 年出现了较为喜人的变化，即在选择偏好上，京剧、昆曲、地方戏曲的数据得到显著提升，尤其是京剧数值达到了 13.22%，从数据上看，京剧成了大学生群体最喜欢的艺术。这一数据虽然未必能够全面反映学生真实情况，但也足以说明在国家持续加大对优秀传统戏曲文化的宣传和推广的背景下，戏曲在校园中的传承和传播开始往向好的趋势发展。

2. 学生对演出活动的评价

高水平艺术院团的演出活动是直接影响和引导学生审美情趣的重要途径，学生对艺术院团演出活动的评价，直接影响高雅艺术的校园传播效果，从学生对艺术院团的总体评价中逐渐分离出学生对戏曲艺术的评价，能够清晰地看出戏曲在校园的传承和推广效果及其发展趋势。

（1）高雅艺术进校园活动演出质量的学生评价（图 8-3）。

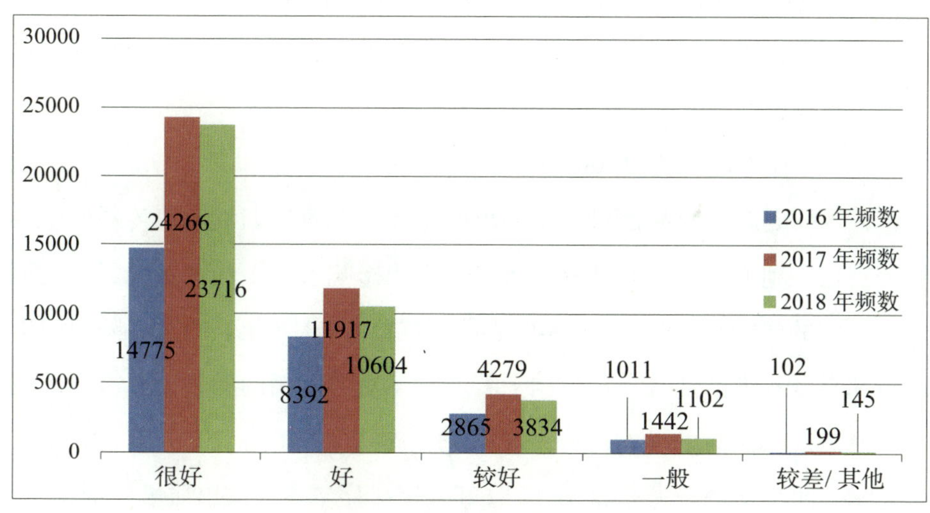

图 8-3 高雅艺术进校园活动演出质量的学生评价

由图 8-3 可知，学生群体对高雅艺术进校园活动的认可度比较高，超过 50% 的学生评价为很好，尤其是 2018 年，有 60% 的学生认为演出的质量“很好”，好评数据逐年上升，评价的“很好”和“好”的数据超过 80%，综合可见活动普及效果成效显著。

（2）学生对高雅艺术进校园活动的喜爱程度（表 8-7）。

表 8-7 学生对高雅艺术进校园活动的喜爱程度

项目	2016年		2017年		2018年	
	频数	百分比	频数	百分比	频数	百分比
非常喜欢	13034	48.22%	21487	51.02%	21120	53.76%
喜欢	10673	39.50%	15254	36.22%	14017	35.68%
一般	2769	10.24%	4514	10.72%	3505	8.92%
不太喜欢	407	1.51%	624	1.48%	491	1.25%
不喜欢	146	0.50%	237	0.56%	152	0.39%
有效样本数	27029	100%	42116	100%	39285	100%

由表 8-7 可知，学生对艺术院团演出的喜爱程度很高，53.76% 的学生表示“非常喜欢”，近 90% 的学生选择“喜欢”。高雅艺术进校园活动在培养学生兴趣爱好方面发挥了很好的引导作用。

（3）学生对艺术院团的评价。

艺术团是学生直接面对艺术演出的主体，艺术家们肩负着传播艺术的第一责任，他们的演出态度和艺术水平直接影响着学生的审美视野，甚至是喜好度的建立。表 8-8、表 8-9 是我们整理的 2018 年学生对各院团演出质量和喜爱程度的评价。从数据上看，学生对各院团的质量评价得分都较高。各表演团队总的平均得分为 89.1 分，较 2017 年高了 1.3 分（2017 年各艺术院团平均得分为 87.8 分）。喜好程度排序基本与演出质量评价相当，2018 年，喜爱程度稳重升高，达到了 89.7 分。通过两组数据可见戏曲院团在所有院团中的评价中名次相对靠后，仍有较大的提升空间。

表 8-8　2018 年学生对各院团演出质量的评价（百分制）

演出院团	得分	有效样本数
湖北省歌剧舞剧院	95.48	199
中国爱乐乐团	93.08	1069
中央音乐学院	92.51	2154
中国交响乐团	91.52	631
中国音协爱乐男声合唱团	90.78	822
中央民族乐团	90.61	1387
中央戏剧学院	90.20	1408
中央民族歌舞团	90.10	1004
甘肃省歌舞剧院	90.04	2034
陕西省戏曲研究院	89.83	1525
中国东方演艺集团	89.67	215
中央芭蕾舞团	89.39	3601
安庆再芬黄梅艺术剧院	89.19	2840
河北省河北梆子剧院	88.10	627
中央歌剧院	88.04	2175
兰州歌舞剧院	87.26	782
中国国家话剧院	87.10	1463
辽宁芭蕾舞团	87.06	1719
国家京剧院	86.92	2902
浙江越剧团	86.53	1475
北京演艺集团	85.83	1218
山西省话剧院	85.50	2096
中央歌剧舞剧院	84.80	1288

表 8-9　2018 年学生对各院团演出的喜爱程度（百分制）

演出院团	得分	有效样本数
湖北省歌剧舞剧院	95.28	199
中央音乐学院	93.59	2154
中国爱乐乐团	93.09	1069

续表

演出院团	得分	有效样本数
中央民族乐团	92.00	1387
中国东方演艺集团	91.62	215
中国交响乐团	91.57	631
陕西省戏曲研究院	91.46	1525
中国音协爱乐男声合唱团	90.98	822
安庆再芬黄梅艺术剧院	90.44	2840
甘肃省歌舞剧院	90.44	2034
中央戏剧学院	90.40	1408
中央民族歌舞团	90.12	1004
中央芭蕾舞团	89.33	3601
中央歌剧院	89.04	2175
河北省河北梆子剧院	88.97	627
辽宁芭蕾舞团	88.34	1719
国家京剧院	87.77	2902
中国国家话剧院	87.37	1463
兰州歌舞剧院	86.93	782
浙江越剧团	86.73	1475
北京演艺集团	86.67	1218
中央歌剧舞剧院	86.30	1288
山西省话剧院	85.36	2096

学生对戏曲院团的演出质量和喜爱程度的评价处于中下位置，与现代歌舞音乐院团相比，戏曲院团的演出仍然有较大的提升空间。

（4）影响学生评价的原因。

影响学生做出不同评价的原因主要是演出院团的演出内容、演员阵容、演出设计、演出形式等综合呈现出的演出效果。学生对院团做出好评的原因，主要是“剧（节）目经典，有意义”“演员优秀，演出精彩”“精心编排，形式新颖”等（表 8-10）。

学生的评价因素体现出其对艺术欣赏的潜在需求和愿望，这些指标对调整院团进校园演出的观念和方法具有借鉴意义。

表 8-10　2018 年学生做出好评的原因

好评的原因	百分比	百分比最高的5个院团		百分比最低的5个院团	
		院团	百分比	院团	百分比
剧（节）目经典，有意义	64.88%	湖北省歌剧舞剧院	75.88%	中央歌剧院	65.69%
		中国交响乐团	69.37%	山西省话剧院	63.53%
		河北省河北梆子剧院	60.26%	中央音乐学院	63.53%
		兰州歌舞剧院	66.58%	国家京剧院	69.00%
		中国爱乐乐团	62.82%	中央芭蕾舞团	59.61%
演员优秀，演出精彩	68.14%	中央民族乐团	76.00%	中央音乐学院	64.60%
		辽宁芭蕾舞团	75.38%	国家京剧院	62.98%
		中央戏剧学院	73.58%	河北省河北梆子剧院	62.82%
		安庆再芬黄梅艺术剧院	72.41%	中央歌剧舞剧院	58.18%
		陕西省戏曲研究院	72.39%	湖北省歌剧舞剧院	34.67%
精心编排，形式新颖	41.79%	辽宁芭蕾舞团	51.36%	中国国家话剧院	36.90%
		兰州歌舞剧院	48.27%	河北省河北梆子剧院	36.38%
		中央戏剧学院	47.60%	浙江越剧团	36.03%
		中央民族乐团	46.75%	国家京剧院	34.99%
		中国音协爱乐男声合唱团	46.69%	湖北省歌剧舞剧院	22.61%
讲解深入浅出，普及知识	31.19%	中国音协爱乐男声合唱团	42.15%	甘肃省歌舞剧院	25.47%
		中央音乐学院	41.87%	中央戏剧学院	24.34%
		国家京剧院	39.28%	浙江越剧团	21.16%
		中央芭蕾舞团	37.45%	辽宁芭蕾舞团	18.42%
		河北省河北梆子剧院	36.38%	湖北省歌剧舞剧院	6.03%

续表

好评的原因	百分比	百分比最高的5个院团		百分比最低的5个院团	
		院团	百分比	院团	百分比
同观众有良好的交流互动	27.61%	中国音协爱乐男声合唱团	40.57%	国家京剧院	22.57%
		中央音乐学院	37.17%	浙江越剧团	20.48%
		中国爱乐乐团	36.83%	安庆再芬黄梅艺术剧院	16.37%
		中央歌剧舞剧院	35.94%	辽宁芭蕾舞团	15.05%
		中央歌剧院	34.41%	湖北省歌剧舞剧院	9.05%

由表 8-10 可知，戏曲院团在“精心编排，形式新颖”“同观众有良好的交流互动”两项指标中排名靠后。前者是舞台形式和表现力不能吸引学生注意力，如何将戏曲形式与学生审美特点进行结合，是戏曲艺术进一步进行开拓的方向。后者是交流互动明显不足，戏曲的接受需要一定时间和审美经验的积累，对于接触戏曲不多的学生很难形成情感上的共鸣，前期宣传和导赏环节处理不到位，也直接影响观赏效果，这些内容都是戏曲在校园普及推广中需要注意和提升的地方。

在影响学生做出差评的原因（表 8-11）中，最主要的是“场地条件受限，影响演出效果”，这一点在乐团、交响乐团表演时尤其突出。其他方面的原因如“剧（节）目内容一般”“艺术品位不高”“无讲解，看（听）不懂”等，约有 10% 的学生提到了这些方面的问题，但极少有学生（5% 以下）认为演出院团“讲解单调，枯燥”“演员水平表现一般”的。除了以上几点，有部分学生对时间长短有异议，还有部分学生认为表演过程中观众较多或较为吵闹，希望主办方能够维持演出秩序。

戏曲演出在“剧（节）目内容一般”“艺术品位不高”“无人讲解，看（听）不懂”等三个指标中的问题比较明显，这说明在剧（节）目遴选和讲解宣传方面需要精心编排，演出的剧（节）目内容需要考虑到学生群体的特殊审美需求，在导赏和讲解环节，有必要进行方法上的调整和革新，带领学生走进戏曲的艺术世界，不能与其他现代艺术形式推广采取一样的模式，有必要设计有针对性的方法和技巧。

表 8-11　2018 年学生做出差评的主要原因

差评的原因	百分比	百分比最高的5个院团		百分比最低的5个院团	
		院团	百分比	院团	百分比
场地条件受限，影响演出效果	31.10%	河北省河北梆子剧院	39.90%	中国歌剧舞剧院	26.73%
		中国交响乐团	39.37%	浙江越剧团	24.74%
		中央戏剧学院	36.40%	甘肃省歌舞剧院	23.20%
		中央歌剧院	34.64%	兰州歌舞剧院	22.54%
		中央芭蕾舞团	34.31%	湖北省歌剧舞剧院	0
剧（节）目内容一般	11.57%	中央民族歌舞团	16.27%	中央民族乐团	9.92%
		河北省河北梆子剧院	16.03%	中央戏剧学院	9.33%
		中国爱乐乐团	14.49%	辽宁芭蕾舞团	8.91%
		国家京剧院	13.32%	中国交响乐团	7.14%
		山西省话剧院	13.00%	湖北省歌剧舞剧院	0
艺术品位不高	9.51%	河北省河北梆子剧院	18.11%	中央民族乐团	7.15%
		浙江越剧团	12.95%	中国爱乐乐团	7.14%
		中国国家话剧院	12.63%	中国音协爱乐男声合唱团	6.45%
		兰州歌舞剧院	12.16%	中央戏剧学院	4.52%
		山西省话剧院	11.69%	湖北省歌剧舞剧院	0.50%
无讲解，看（听）不懂	8.07%	辽宁芭蕾舞团	14.70%	中央音乐学院	5.96%
		河北省河北梆子剧院	12.18%	山西省话剧院	5.92%
		浙江越剧团	10.56%	中央戏剧学院	5.24%
		中央歌剧院	10.46%	中国音协爱乐男声合唱团	4.97%
		中国交响乐团	9.37%	湖北省歌剧舞剧院	0

续表

差评的原因	百分比	百分比最高的5个院团		百分比最低的5个院团	
		院团	百分比	院团	百分比
讲解单调，枯燥	4.67%	中央歌剧舞剧院	7.53%	安庆再芬黄梅艺术剧院	3.38%
		中央民族乐团	7.00%	中央歌剧院	3.08%
		中央戏剧学院	6.82%	中央音乐学院	2.98%
		甘肃省歌舞剧院	5.85%	中国音协爱乐男声合唱团	2.48%
		辽宁芭蕾舞团	5.73%	湖北省歌剧舞剧院	0
演员水平表现一般	3.46%	湖北省歌剧舞剧院	7.21%	甘肃省歌舞剧院	2.07%
		中国国家话剧院	6.35%	中央戏剧学院	1.94%
		兰州歌舞剧院	6.15%	中央音乐学院	1.82%
		浙江越剧团	5.89%	陕西省戏曲研究院	1.78%
		山西省话剧院	5.00%	湖北省歌剧舞剧院	0

四、学生对高雅艺术进校园活动的专家讲座的评价

组织全国高校艺术教育专家讲学团赴中西部地区高校举办音乐、舞蹈、戏剧、戏曲、美术、书法、篆刻、影视等艺术教育专题讲座，从理论与鉴赏层面提升学生赏析艺术的理论水平，也是高雅艺术进校园活动的重要组成部分，每年计划安排的讲座数量在 120 场左右。2014—2018 年学生对专家讲座总体评价见表 8-12，2014—2018 年学生对专家讲座满意或不满意的原因见表 8-13。

表 8-12　2014—2018 年学生对专家讲座总体评价

问题及选项		满意度调查数据				
		2014年	2015年	2016年	2017年	2018年
对本场讲座及专家的满意程度	非常满意	56.6%	55.6%	57.4%	51.7%	56.8%
	满意	37.5%	38.8%	38.4%	42.6%	39.2%
	一般	5.0%	5.0%	3.8%	5.2%	3.7%
	不太满意	0.9%	0.6%	0.4%	0.5%	0.3%
总计		100%	100%	100%	100%	100%
按百分制评分		87.4	87.3	88.2	86.4	88.8

表 8-13　2014—2018 年学生对专家讲座满意或不满意的原因

满意或不满意的原因		2014年		2015年		2016年		2017年		2018年	
		比例	样本数	比例	样本数	比例	样本数	比例	样本数	比例	样本数
满意的原因	内容精彩	55%	3824	57%	5010	57%	4192	59%	3081	59%	3525
	形式新颖	32%	3824	30%	5010	36%	4192	33%	3081	32%	3525
	专家有独特的风格	47%	3824	51%	5010	50%	4192	52%	3081	57%	3525
	激发了对艺术的兴趣	38%	3824	34%	5010	37%	4192	34%	3081	37%	3525
	拓宽视野，启发思路	49%	3824	48%	5010	48%	4192	51%	3081	47%	3525
	陶冶情操，提高艺术修养	60%	3824	58%	5010	63%	4192	60%	3081	55%	3525
不满意的原因	内容过于专业，听不懂	26%	242	35%	1830	45%	1552	28%	2113	15%	3525
	内容太浅，没意思	23%	242	12%	1830	7%	1552	6%	2113	3%	3525
	内容枯燥，没兴趣	50%	242	9%	1830	11%	1552	6%	2113	3%	3525

续表

满意或不满意的原因		2014年		2015年		2016年		2017年		2018年	
		比例	样本数	比例	样本数	比例	样本数	比例	样本数	比例	样本数
不满意的原因	内容陈旧，没新意	19%	242	9%	1830	8%	1552	6%	2113	3%	3525
	形式单一，乏味	49%	242	19%	1830	23%	1552	13%	2113	5%	3525
	其他	14%	242	30%	1830	20%	1552	11%	2113	14%	3525

从满意原因上看，“陶冶情操，提高艺术修养”是学生最青睐的一项，但5年来呈现走低的趋势。“内容精彩”“专家有独特的风格”也是学生满意的原因中比较高的两项，可见学生对讲座的形式和内容的期待较高。从不满意的原因（“内容过于专业，听不懂”的指标）可见，内容是学生最看重的一项。业界专家在面对学生（大部分为零基础）时，若要有趣、生动地将该艺术的内容传达给学生，就要多从学生需求上考虑讲座内容和方法。专家讲座本身涵盖戏曲讲座内容，其呈现出的特点和问题可参照总体调研情况，此处不做专门的数据分析。

五、学生选修艺术课程及社团参与情况

高校开设艺术课程是普及艺术和满足学生艺术需求的主要方式，是学生接受艺术知识、建立艺术欣赏兴趣的重要途径。高校学生日常选修的课程频率和门类是了解艺术普及和推广情况的重要参考。比较各种艺术课程门类中戏曲课程选修情况，更能够清晰地看到戏曲在高校的普及情况。

高校艺术课程涵盖音乐、美术、书法、舞蹈、戏剧、戏曲、影视、综合艺术等。通过调查2016—2018年学生选修艺术课程门数情况（表8-14）发现，2016年学生选修1门艺术课程的比例为41.04%，2017年学生选修

1 门艺术课程的比例为 33.40%，2018 年这一比例增长为 53.31%。三年来，学生选修 2 门艺术课程的比例保持在 20% 左右，选修 3 门课程的比例保持在 10% 左右。根据《高雅艺术进校园活动秩序册》的统计，2017 年开始未选择艺术课程的学生占比有所升高（调查数据显示大概为三分之一），对此，推测性的解释是："一部分原因在于每年都有相当数量的学生没有填答这部分问题，我们更倾向于认为这部分学生是因为没有选择艺术类课程而跳过了这些问题；另一部分原因可能在于高雅艺术进校园活动的参与者大部分为大一新生（这部分学生的校园经历较短，尚未选修艺术类课程是十分正常的）。"（参见《高雅艺术进校园活动秩序册》）

表 8-14　2016—2018 年学生选修艺术课程门数情况

选修艺术课程数	院团演出 · 学生调查		
	2016年	2017年	2018年
0 门	31.44%	44.35%	10.99%
1 门	41.04%	33.40%	53.31%
2 门	18.07%	13.32%	21.62%
3 门	6.22%	7.01%	10.18%
4 门	1.69%	1.38%	2.85%
5 门及以上	0.94%	0.54%	1.06%
总计	100%	100%	100%

表 8-15 为 2016—2018 年学生选修艺术课程的具体科目情况。从表 8-15 的数据可见，艺术课程门类中最受学生欢迎的是音乐课程，2016 年占比为 28.39%，2017 年占比为 32.98%，2018 年占比为 38.23%，呈现增长趋势。戏曲课程所占比例比较靠后。可见，戏曲课程在高校艺术课程中占幅较少，学生能够接触到的戏曲资源相对匮乏。高校只注重社会资源的引出，忽略了校内课程资源的跟进，这在一定程度上限制了戏曲在校园的普及和推广，校园戏曲文化建设任重道远。

表 8-15 2016—2018 年学生选修艺术课程的具体科目情况

艺术课程	院团演出·学生调查					
	2016年		2017年		2018年	
	频数	百分比	频数	百分比	频数	百分比
音乐	7303	28.39%	8581	32.98%	7505	38.23%
美术	4981	19.36%	5199	19.98%	4156	21.17%
书法	4259	16.56%	4822	18.35%	3337	17.00%
舞蹈	4165	16.19%	4963	19.08%	3432	17.48%
影视	1998	7.77%	4832	18.57%	3729	19.00%
戏剧	3943	15.33%	2734	10.51%	1644	8.37%
综合艺术	925	3.60%	2752	10.58%	1918	9.77%
戏曲	1944	7.56%	2068	7.95%	1107	5.64%
其他艺术课程	833	3.24%	2792	10.73%	1748	8.90%
没有选修	6355	24.71%	2032	4.71%	2094	6.20%
没开设公共艺术课程	948	3.69%	8460	19.63%	8030	21.17%

六、学生参加艺术社团情况

高校学生社团是学生业余时间根据兴趣和爱好组合而成的群体组织，学生参与社团活动是自发行为，通常以兴趣为导向，能够呈现学生课余时间文艺生活的状况。表 8-16 为 2016—2018 年学生参与艺术社团的情况。

表 8-16 2016—2018 年学生参与艺术社团的情况

参加的艺术社团数	院团演出·学生调查					
	2016年		2017年		2018年	
	人数	百分比	人数	百分比	人数	百分比
0 个	12680	45.76%	16931	39.28%	15530	39.26%
1 个	10071	36.35%	16089	37.32%	15293	38.66%
2 个	3735	13.40%	6814	15.81%	5875	14.85%

续表

参加的艺术社团数	院团演出·学生调查					
	2016年		2017年		2018年	
	人数	百分比	人数	百分比	人数	百分比
3个	945	3.41%	2538	5.89%	2127	5.38%
4个	177	0.64%	475	1.10%	438	1.11%
5个及以上	99	0.36%	260	0.61%	295	0.75%
总计	27707	100%	43107	100%	39599	100%

通过表8-16的数据可见，学生参加一个社团的比例较高，超过30%。此外，表8-16的数据也显示，仍有一大批学生未参加任何社团，这或许与参与调研的学生为大一新生有关系。

从2016—2018年学生参加艺术社团类型（表8-17）上看，比例较高的是舞蹈团、合唱团和乐团。一方面，音乐和舞蹈在高校社团中建设比较成熟，另一方面，学生在中小学阶段也接受过相关课程的学习，升入大学阶段衔接比较完善，因此，相关社团受到学生欢迎属于正常情况。高校中的戏曲社团通常为京剧社、昆曲社，以及越剧社、豫剧社等地方戏曲社团，学生参加戏曲社团的占比低于10%，且呈逐年下降的趋势（2016年占比为7.34%，2017年占比为4.61%，2018年占比为2.81%）。学生社团能够真实反映学生的兴趣和爱好，戏曲社状况应该能够直接反映出戏曲在学生群体中的真实影响，造成这一结果的原因是多元的，是值得思考和关注的。

表8-17　2016—2018年学生参加艺术社团类型

艺术社团类型	院团演出·学生调查					
	2016年		2017年		2018年	
	人数	百分比	人数	百分比	人数	百分比
舞蹈团	3681	14.85%	7246	17.45%	6461	12.57%
合唱团	2924	11.79%	6109	14.71%	6250	12.16%

续表

艺术社团类型	院团演出·学生调查					
	2016年		2017年		2018年	
	人数	百分比	人数	百分比	人数	百分比
乐团	3902	15.74%	5054	12.17%	4419	8.60%
摄影社	1902	7.67%	3758	9.05%	3549	6.90%
话剧团	1224	4.94%	4637	11.17%	3418	6.65%
书法组	804	3.24%	3089	7.44%	3021	5.88%
戏剧社	937	3.78%	2936	7.07%	2163	4.21%
影视社	758	3.06%	2162	5.21%	1897	3.69%
戏曲社	1820	7.34%	1915	4.61%	1446	2.81%
美术组	2057	8.3%	1390	3.35%	1397	2.72%
其他艺术团体	1704	7.02%	2610	6.28%	2874	5.59%
没有参加	9694	3.91%	14295	34.42%	14257	27.73%
学校没设立艺术社团	232	0.94%	263	0.63%	259	0.50%

七、学生的收获与期待

学生在艺术欣赏活动中能够真正有所收获和提高，是活动组织的最终目的。表 8-18 为 2017—2018 年学生参加高雅艺术进校园活动的收获。

表 8-18　2017—2018 年学生参加高雅艺术进校园活动的收获

收获内容	2017年调查		2018年调查	
	选择人数	百分比	选择人数	百分比
产生了对高雅艺术的兴趣	1149	47%	—	51.3%
培养了欣赏高雅艺术的习惯	1201	38.9 %	—	45.0%
增强了对优秀民族文化的认同	1366	44.3%	—	52.0%
提高了对艺术的鉴赏品位	1329	43.1%	—	38.2%

续表

收获内容	2017年调查		2018年调查	
	选择人数	百分比	选择人数	百分比
启发了对学习和生活的思考	1398	45.3%	—	31.1%
看到了自己艺术修养的欠缺	1362	44.2%	—	24.1%
没有太深的接触	151	4.9%	—	1.9%
其他	38	1.2%	—	—
该剧目不符合当代大学生的价值追求（2018 年评价指标项）	—	—	—	5.2%

根据表 8-18 的数据可知，高雅艺术进校园活动在提升学生艺术修养和鉴赏能力方面发挥了比较出色的作用。“产生了对高雅艺术的兴趣”“培养了欣赏高雅艺术的习惯”“增强了对优秀民族文化的认同”“提高了对艺术的鉴赏品位”四项正向指标的占比基本维持在 40% 左右，部分指标超过了 50%。尤其是 2018 年“增强了对优秀民族文化的认同”这项指标的占比达到了 52.0%，成为各项指标中最为突出的一项。虽然优秀的中国传统文化不是只有戏曲文化，但这一指标也能够反映出学生对传统戏曲文化的认可和兴趣是逐渐向好的。

结　语

高雅艺术进校园活动丰富了学生的校园文化生活，拓宽了学生的艺术视野，提高了学生的审美眼光。尤其是这些精心选择的代表国家艺术水准的剧团，直接走进不同地区、不同层次的大学校园，让学生真切地感受到了艺术之美。

第三节 文化自信视域下戏曲校园美育的时代价值

中华戏曲是一个自成系统的有着独特性质的艺术体系，积聚了古代的艺术精神和审美理想，具有鲜明的民族文化特色，是我们了解和领悟中国文化传统与精神命脉，在当下展开美育工作的重要载体。在“坚定文化自信，推进文化繁荣”的背景下，秉承“以美育人”“以文化人”“立德树人”理念的艺术教育工作者，积极展开民族戏曲美育的工作范式探索，拓展戏曲美育的形式与内涵，形成了良好的戏曲美育生态。戏曲走进校园对培养学生民族审美意识、建立正确的民族思想观念、提升民族精神风貌，具有不可替代的功能和作用。

近些年来，习近平总书记对戏曲文化建设和美育工作做出了重要的思想论述。国家政策大力扶持戏曲和美育的发展，陆续出台了《关于支持戏曲传承发展若干政策》《关于戏曲进校园的实施意见》《关于实施中华优秀传统文化传承发展工程的意见》《关于全面加强和改进学校美育工作的意见》等重要政策，为戏曲美育建设提供了优渥的文化环境。戏曲是中华优秀传统文化的重要载体，将中华美育精神与核心价值观高度融合，戏曲走进校园带来了传统艺术之美，让学生近距离了解中华优秀传统文化，了解中国人民自己的道德观念、情感态度及价值标准，对培养学生的审美力、陶冶心性、培植情操，使之形成“养成高尚纯洁之人格”发挥重要作用。艺术是按照“美”的规律反映世界，是对生活的审美判断，是“真正的情致所含的意蕴的价值和理性，而且容易把它认出来”。[①] 人们正是通过直觉感知，在“美的享受”中接受了凝结在艺术作品形象中的思想观念、道德情

① 黑格尔. 美学：第 1 卷［M］. 朱光潜，译. 北京：商务印书馆，1979：298.

操和品质修养。

东西方都有着各自的美育观念与传统，中国古典文化中的“礼乐教化”传统，就已经具备了劝人向善的审美意识。《礼记·乐记》中言：“知声而不知音者，禽兽是也；知音而不知乐者，众庶是也。唯君子为能知乐。”[①] 近代美育观念首倡者德国美学家席勒1795年在《美育书简》中指出：“要使感性的人成为理性的人，除了首先使他成为审美的人，没有其他途径。”[②] 现代美育理论于20世纪初期传入我国，美育早期倡导者蔡元培曾说：“美育之目的，在陶冶活泼、敏锐之性灵，养成高尚纯洁之人格。”[③] 美育向来是东西方关注的重要问题，不同国家与地域形成了各自的特色体系。随着现代化的发展，艺术教育作为审美教育不可替代和缺失的重要途径，所发挥的功能日益受到重视。

学校美育工作作为美育工作的重要基地，直接担负着民族文化传承与振兴的重任，“为谁培养人”和“培养什么样的人”是学校亟须解决的问题。对于校园美育建设而言，在东西方文化交流与碰撞的环境下，建构具有民族文化特色的美育教育范式是值得探索的方向，而丰富多彩的民族戏曲文化恰是应当充分利用的宝贵资源。在校园中传承和弘扬优秀戏曲文化，拓展校园美育的形式与内涵，对培养新时代学生素养具有重要意义。

一、戏曲进校园培养学生民族艺术的审美意识

戏曲在中华文化母体中孕育生成，将传统的诗歌、音乐、舞蹈、美术、说唱、杂技等多种艺术成分，融汇为新的戏剧形态，集聚着中国古代文化

① 戴圣. 礼记［M］. 中华文化讲堂，注释. 北京：团结出版社，2017：177.
② 席勒. 美育书简［M］. 徐恒醇，译. 北京：中国文联出版公司，1994：116.
③ 蔡元培. 中国现代美学家文丛·蔡元培卷［M］. 杭州：浙江大学出版社，2009：217.

精神，集中展现了民族艺术之美，具有鲜明的民族特质。可以说，戏曲融万趣统一于“载歌载舞”的舞台呈现中，将中国人民日常生活的语言和情感，巧妙地转化为虚拟性和程式化的戏曲语汇，舞蹈化的动作，音乐化的声音，美术化的妆服，歌舞并重与传神写意的美学表意，构成了中国戏曲独有的情感表意。可以说，戏曲既是鲜明民族情感表意的象征符号体系，也是与民族文化生活紧密关联，彰显民族审美意识和精神的智慧结晶。

在中华文明历史长河中，戏曲属于晚成的艺术形态，宋元时期才确立了成熟的戏剧形态。但华夏先民的戏剧意识，则可以溯源到上古时期，《吕氏春秋·古乐篇》中记载了上古之“乐”的情况：“昔葛天氏之乐，三人操牛尾，投足以歌八阙：一曰《载民》，二曰《玄鸟》，三曰《遂草木》，四曰《奋五谷》，五曰《敬天常》，六曰《达帝功》，七曰《依地德》，八曰《总禽兽之极》。”[①] 从上述记录中，我们能够清晰地看出“诗”“乐”“舞”中的戏剧因子一直在民族艺术土壤中孕育绵延，逐渐摆脱乐舞、散乐的束缚，向杂陈的汉代百戏、歌舞戏、角抵戏、参军戏等复杂的戏剧形态演进，从说唱体的叙述体向代言体的戏剧转化。“我国戏剧，汉魏以来，与百戏合，至唐而分为歌舞戏及滑稽戏二种；宋时滑稽戏尤盛，又渐借歌舞以缘饰故事；于是向之歌舞戏，不以歌舞为主，而以故事为主，至元杂剧出而体制遂定。南戏出而变化更多，于是我国始有纯粹之戏曲；然其与百戏及滑稽戏之关系，亦非全绝。”[②] 成熟的戏曲艺术即“真戏剧”，在歌舞与故事上的完备，终于在宋元杂剧时期，完成了成熟的蜕变。从而拉开了杂剧和南戏的大幕，并在朝代更迭的审美变迁中，赓续发展出明清传奇和地方戏，构成了我国戏曲的三个重要时代。

戏曲历史的演进和发展历程，是一个淘洗杂质、去芜存菁的净化过程，历经不同社会形态和文化环境的淬炼，留存至今的诸多剧种无疑是历史遗

① 陈多，叶长海. 中国历代剧论选注［M］. 上海：上海古籍出版社，2010：20.
② 王国维. 王国维论剧［M］. 北京：中国戏剧出版社，2010：84.

珠。它们分布在我国不同地域、不同民族的文化环境中，这些剧种各具特色和风格，共同构成了中华戏曲文化的宝库。在这座文化宝库之中，观众所能领略的是聚集了民族艺术形态的方方面面，突出表现在戏曲文学、音乐、表演三个层面。

戏曲的文学形态是诗词，在整个戏曲艺术元素中居于主导和统率地位。戏曲作为以舞台演出为目的的“剧曲”，从文学层面看是诗词文化与叙事文学相结合的产物。作为音乐和文学的结合体，“曲”的文辞写作，以填词为主，“填词之设，专为登场”，展现了诗词的格律韵味之美。宋元杂剧、明清传奇阶段，戏曲成为文人抒怀言志、敦风教化的重要手段，促成了杂剧、传奇创作的高峰时期。关汉卿、王实甫、高则诚、汤显祖、李玉、沈璟、李渔、孔尚任、洪昇等剧作家的涌现，《窦娥冤》《西厢记》《牡丹亭》《长生殿》《桃花扇》《琵琶记》《清忠谱》等名剧的出世，促成了古典戏剧的璀璨时代，这些悦人耳目、触动人心的故事，词采高绝的文辞之美，配合曲牌连套体音乐的烘托，以及载歌载舞的虚拟性和程式化的舞台呈现，展现了古典戏曲的审美旨趣。清代传奇发展呈现式微态势，“花雅之争”的争锋与变革之后，发端于民间的众多戏曲剧种进入繁荣阶段，京剧开始走向戏曲舞台的中心，这种以表演为核心的戏曲新形态，促使戏曲由文雅向通俗变迁，名角为主的流派欣赏风格，自由的板腔体戏曲样式等新的创作方式，极大地释放了民族戏曲的艺术活力，并逐渐在历史进程中形成了当今戏曲形态的雏形。

戏曲始终是具有生命力和传承性的艺术，处于不断变革和更新的运动之中，善于吐故纳新、推陈出新，不断进行自我完善和发展，形成了独具艺术个性和广泛群众基础的艺术体系和文化景观。19 世纪末 20 世纪初，国门敞开，西风东渐，在中西文化的交流与碰撞中，戏曲从戏剧观念、舞台表意、艺术形象、观剧环境等方面走向了革新的道路，审美取向由“古”向“今”，艺术形态由“曲”向“剧”。1949 年之后，戏曲在国家政治力量的主导改革下，呈现出新的格局和面貌，传统戏、新编历史戏、现代戏三种形态，普遍贯穿到不同剧种之中，风格不同、形态鲜明的戏曲剧种，共同构成了多样化的当代戏曲艺术，为观众提供了多元的审美需求。

戏曲作为中华艺术的集大成者，综合性地展现了民族艺术的方方面面。当代戏曲形态格局是古典与现代融合、南北风格各异、民族形式多样，厚重的文化底蕴可以向学生集中展现民族艺术的博大精深，对培育学生的民族审美意识具有不可替代的作用。

二、戏曲进校园培育学生优秀民族思想品格

中华文化传承的鲜明特性是稳定性和传承性，以及广纳中外文化为己所用的融涵力。戏曲是中国传统哲学与美学观念的艺术化表达，戏曲形式表征的背后渗透着民族思想文化的魂魄。“艺术创造出它所归属的那种文化的艺术肖像。文化在这种肖像中发现自己的完整性、独特性的形象，发现社会历史的自我。”[①] 戏曲是中华思想文化的艺术肖像，以直觉可感知且通俗易懂的形式，让群众在娱乐审美活动中，感受中华文化精神的精髓。

儒家、道家和佛家形成于以血缘宗法为纽带的传统农耕社会，在中华文化体系中有着深厚的社会根基，其求真、至善与向美的思想和观念早以化入国人的世俗生活，成为人们日常生活的伦理规范和精神追求。当戏曲艺术含量和文化内涵积淀到一定程度时，便具备了独特的符号体系，这种程式符号体系骨子里蛰伏的是中国传统文化伦理道德指向，是儒、道、释文化的审美呈现，直接影响了戏曲的美学理念和舞台形式构成。

儒家学说的核心是“仁”，讲求“礼仪”“等级”，直接影响了传统社会中的“秩序和规则”，反映在戏曲中则是“生旦净丑”行当的划分。行当是

① 卡冈. 美学和系统方法［M］. 凌继尧，译. 北京：中国文联出版公司，1985：276-277.

社会秩序的抽象化表达，把人物性别、年龄、性格、外貌、身份（包括声音的运用）等类型化、程式化，即“聚类成性”。戏曲程式符号体系背后的“正心、诚意、修身、齐家、治国、平天下”的人生理想，根深蒂固地存在于世人的观念中，早已成为维护社会稳定与和谐的规范。上至文人士大夫阶层，下至贩夫走卒的平民，无不以“忠、孝、仁、义”的伦理观念或创作，或品评，或欣赏戏曲。正如汤显祖在《宜黄县戏神清源师庙记》中所言，“……可以合君臣之节，可以浃父子之恩，可以增长幼之睦，可以动夫妇之欢，可以发宾友之仪，可以释怨毒之结，可以已愁愦之疾，可以浑庸鄙之好”①。

道家文化是对戏曲美学观念重要影响的思想源头之一。老庄哲学中的“天人合一”“虚实相生”“立象尽意”等思想，直接影响了戏曲写意的形式方法和美学旨趣。戏曲“虚拟化表演”是通过歌舞化的情感动作与生活拉开距离，戏曲演员在进行戏曲表演时，总是将生活素材通过行当功法转化为写意化的动作，以高于生活的艺术视角，演绎和传达人物形象的艺术美感。这种程式化的表演方式，讲究“以形传神”的舞台表现手法，以超脱实物“象”的有限制约，来实现“物物而不物于物”的自由表达，正是这种假定性的空间，使得方寸舞台成为演员自由展现精神世界的无限空间。诚如宗白华先生所言，“中国舞台表演方式是有独创性的，我们愈来愈见到它的优越性。……老艺人说得好：‘戏曲的布景是在演员的身上。’演员结合剧情的发展，灵活地运用表演程式和手法，使得‘真境逼而神境生’。演员集中精神用程式手法、舞蹈行动，‘逼真地’表达出人物的内心情感和行动，就会使人忘掉对于剧中布景的要求，不需要环境布景阻碍表演的集中和灵活，‘实景清而空景现’，留出空虚来让人物充分地表现剧情，剧中人和观众精神交流，深入艺术创作的最深意趣，这就是‘真境逼而神境生’”②。

---

① 陈多，叶长海. 中国历代剧论选注［M］. 上海：上海古籍出版社，2010：159.

② 宗白华. 艺境［M］. 北京：北京大学出版社，1987：271.

维系“虚”与“实”的统一正是戏曲达到写意的关键，“一桌二椅”的空灵舞台是为了把焦点转移到演员身上。戏曲演员的衣装穿戴和功法动作也无一不是取法生活的符号化表达，从髯口、甩发、翎子、水袖、帽翅、靴底、腰带、脸谱等真实可见的装扮形象，到音乐化的唱腔念白、舞蹈化的身段工架、功夫化的荡子武打等功法技艺，均通过戏曲演员娴熟的表演，在舞台上构建出艺术真实的虚拟世界，观众正是通过这种沉浸其中的审美享受，获得了精神愉悦和情感满足。此外，老庄文化在世俗生活中孕育出的道教文化，也广泛影响了戏曲的发展，元杂剧中“神仙道化”门类，民间戏曲中“酬神”活动，乡间社火表演、驱鬼祭祀赛会等演剧活动，都构成了丰富多彩的民间戏曲活动，成为百姓世俗娱乐活动中重要组成部分。

佛教传入中国对戏曲产生了深远的影响，在一定程度上促进了戏曲在叙事上的成形。印度佛教文学影响了民间叙事诗歌的发展，不仅孕育出了敦煌“变文”，还在流播中原之后，发展出了寺院的“讲唱文学”。随着寺院讲经活动世俗化的发展，很多民间故事题材（如王昭君故事、伍子胥故事、大舜行孝、西天取经等）被吸纳其中，后续延伸出的说书、诸宫调、宝卷、鼓词、弹词等也与变文有着千丝万缕的联系。戏曲成熟之后，众多佛教故事发展成戏曲演出剧目，如东汉初年传入中原的《佛说盂兰盆经》中叙述了佛陀弟子目连拯救亡母出地狱的故事，成为目连戏《目连救母》的题材源头，这一故事后经其他戏曲剧种的移植，成为广为人知的劝人向善的剧目；元代浙江永嘉地区流传的南戏剧目《祖杰》讲述温州乐清县僧人祖杰勾结官府仗势欺人的故事。家喻户晓的《白蛇传》《西游记》《西厢记》等剧目或多或少地接受了佛教文化的渗透和影响。此外，寺庙在民间世俗生活中扮演着重要经济功能，冲州撞府、撂地为场的民间戏曲演出与庙会活动联系紧密，促成了民间戏曲的繁荣和发展。

戏曲“以歌舞演故事”的艺术方式不仅向观众展现了悲欢离合的人间世相，还把中华民族思想巧妙地融汇到了戏曲形式与内涵之中，使观众在寓教于乐的观赏过程中，不仅收获了欢笑，还在潜移默化中接受了古人的智慧和行为示范，这也正是戏曲自古有“高台教化”之称的根源所在。戏曲进校园不仅将美的民族艺术形式带给学生，还将优秀的民族思想文化一同带到了学生面前，这种生动的观赏和体验性的戏曲活动，能够给予学生全方位的审美教育，对培育学生的民族思想品格的作用自不待言。

三、戏曲进校园培育学生优秀民族精神风貌

在长期历史发展历程中，戏曲在民间文化的浸润中成长，从未中断与底层群众的精神联系，保留着鲜明的民间审美特征，这种审美文化绝不是仅仅满足世人耳目、止步于皮相之乐，而是在敦风易俗的教化中，传承着源远流长的民族精神。法国艺术评论家丹纳说：“自然界有它的气候，气候的变化决定这种那种植物的出现；精神方面也有它的气候，它的变化决定这种那种艺术的出现。……精神文明的产物和动植物界的产物一样，只能用各自的环境来解释。”[①] 戏曲中所反映出的民族精神，鲜明地体现于两个方面：一是千百年来人民对美好生活的向往以及面对灾难和危机的乐观精神；二是民族面对危机和侵害所展现出英雄精神和爱国精神。

积极的乐观主义精神，是根植于我们民族血液之中的素质品质和具有传袭力量的审美传统。戏曲舞台上的作品是对百姓生活的艺术化呈现，观众要看到真实生活的一面，面对戏中人的生活不公，自然会联想到自身处境，需要宣泄内心的情感，同时也需要在精神上获得某种慰藉与满足。这种民族审美心理的诉求，很自然地会反映到戏曲创作层面，充分体现着中国式悲剧的特征。

悲剧概念是王国维从西方戏剧理论借用到对戏曲的界定上的，他说

① 丹纳. 艺术哲学［M］. 傅雷，译. 杭州：浙江人民美术出版社，2017：28.

《窦娥冤》《赵氏孤儿》“即列之于世界大悲剧中，亦无愧色”[1]。不同于西方悲剧中鲜明的强调个体与命运冲突的悲剧性，中国并没有产生出一部严格意义的悲剧作品，正是由于乐观精神的驱使，国人鲜有彻底的悲剧绝望情绪。正如朱光潜所说：“现实生活中并没有悲剧，正如辞典中没有诗、采石场里没有雕塑作品一样。”[2] 真实存在于现实生活中的痛苦和灾难作为悲剧的题材来源，不同民族所采取的表现观念与形式是不尽相同的，中国式悲剧的处理则是把这种悲剧性寓于大团圆结局中，团圆代表着真善美理想的实现，以一种幻想的方式延宕心理情绪，从而达到理想的结局，从审美角度上并没有完全否定故事背后的悲剧精神，主人公在到达理想结局过程中所经历的悲惨遭遇和现实不公，引发观众同情、怜悯或者愤恨、批判，从这个角度来看，东西方戏剧精神是相通的。

“有的人对中华民族精神认识不足，往往按照西方悲剧观念的标尺来衡量中国的悲剧，认为正义战胜邪恶的结局是‘光明的尾巴’，是‘粉饰太平’，会降低心灵净化的力量和麻痹人们的战斗意志。”[3] 这种观念实际上是一种误读，事实上团圆之趣寓含悲剧性的情节取向，遍布于百姓耳熟能详的戏曲作品中，既是戏曲作品的叙事特征，也是国人审美旨趣的特点。《长生殿》中月宫重圆的唐明皇与杨贵妃、《牡丹亭》中因爱死后重生结为连理的杜丽娘与柳梦梅、《梁山伯与祝英台》中死后化蝶双飞的梁山伯与祝英台、《牛郎与织女》中鹊桥相会的牛郎与织女、《白蛇传》中雷峰塔倒终成眷属的许仙与白蛇、《西厢记》中冲破藩篱结为良缘的张生与崔莺莺等，这些具有浪漫主义情怀的作品，无不彰显着国人的乐观精神，是一种对美的热爱与赞美。当然，中国百姓绝不是一味地活在麻木的团圆之趣中，面对社会的不公正时，他们也会用复仇或舍生取义的方式换取正义。窦娥、李慧娘等人鬼魂复仇，

---

① 王国维. 王国维论剧［M］. 北京：中国戏剧出版社，2010：67.

② 朱光潜. 悲剧心理学［M］. 北京：人民文学出版社，1983：243.

③ 郭汉城. 淡渍堂三种［M］. 北京：北京时代华文书局，2015：6.

程婴、公孙杵臼、莫成等人的舍生取义，包公、海瑞等清官惩治权豪势要为民申冤的正义之举，同样彰显着国人对正义的期待、对美好生活的向往。

中华民族是一个英雄辈出的民族，赞美英雄和讴歌爱国精神是中华民族的审美传统，是中华民族共同的精神财富。戏曲中表现英雄和爱国主义的剧目众多，是戏曲题材分类中的重要分支，也是深受百姓喜爱的内容。岳飞、文天祥、杨继业、佘太君、杨宗保、穆桂英等反抗民族入侵的英雄，成为戏曲中光辉的人物形象，并被发展成规模庞大的类型剧目。其中的“杨家将戏”就广泛存在于不同地方戏曲剧种中。这些剧目有些侧重表现宏大的战争场面，如《两狼山》《金沙滩》《大破天门阵》《杨门女将》《穆桂英挂帅》《穆桂英大破洪州》等；有些侧重表现传奇的爱情故事，如《佘塘关》《穆柯寨》《状元媒》等；有些侧重表现战争背后的思乡之情，如《四郎探母》《雁门关》等。剧种所涉及的人物众多，从祖辈的杨继业、佘太君到子辈的杨延平、杨延广、杨延景、杨延辉等，再到孙辈的杨宗保、穆桂英，后继杨文广等，以及八姐、九妹和孟良、焦赞、杨排风等边缘人物，无不是可歌可泣的英雄人物，杨家男女老少祖孙数代人早已成为百姓家喻户晓的民族英雄、成为人们教育下一代的典范。此外，一些除暴安良、伸张正义、具有反抗黑暗精神的豪杰英雄，同样是百姓讴歌的英雄人物。元杂剧中的“绿林好汉”，如以《水浒传》人物为原型的“水浒戏”，构成了庞大的英雄谱系，寄托着百姓对美好生活的向往。

戏曲文化中蕴含的民族精神承载着中华民族的道德观念、价值观念，在历史时空中代际相传。作为培育新时代学生的民族精神风貌的重要依托，戏曲进校园势在必行。

结 语

戏剧是人类文明史上的重要创造，无论是东方还是西方，不同民族孕育出不同的代表自身文化特征的戏剧艺术。德国哲学家海德格尔言："从我们人类的经验和历史来看，只有当人有个家，当人扎根在传统中，才有本质性的和伟大的东西产生出来。"[①] 戏曲是中华民族的独特创造，孕育、诞生在华夏文明土壤之中，是中华民族把握世界和抒发情感的特有方式，是中华民族对世界文化的巨大贡献。"戏剧是哭与笑的学校"，人们正是通过直觉感知，在"美的享受"中接受了凝结在艺术作品形象中的思想观念、道德情操和品质修养。在培育学生的民族审美意识和精神方面，戏曲美育的这种"桥梁"作用是其他媒介形态无法取代的。戏曲走进校园的美育功能和价值，经过数十年的推广和发展，取得了丰硕成果。

---

① 海德格尔. 海德格尔选集（二十世纪欧美思想家文库）：下［M］. 孙周兴，选编. 上海：生活·读书·新知三联书店，1996：1305.

附录一 梅兰芳年谱*

1894 年

10 月 22 日，出生在北京前门外李铁拐斜街一座梨园世家的旧居。

1899 年

在北京百顺胡同附近一家私塾读书。

1902 年

正式拜吴菱仙为师，学习青衣戏，学的第一出戏是《战蒲关》，后又学习了《二进宫》《三娘教子》等共三十余出戏。

1904 年

8 月 17 日（农历七月初七），在北京“广和楼”戏馆第一次登台，在《长生殿 · 鹊桥密誓》中饰演织女。

1907 年

从百顺胡同移居卢草园。正式搭班“喜连成”演出。

1908 年

8 月 14 日，母亲杨长玉病逝。后全家移居鞭子巷头条。

---

* 梅兰芳纪念馆. 梅兰芳珍藏老相册［M］. 北京：外文出版社，2003：附录.

1910 年

与王明华结婚。

本年，开始了养鸽子的业余爱好。

1912 年

第一次与谭鑫培同台演出，演出剧目《桑园寄子》。

1913 年

10 月 31 日，接受上海许少卿邀请首次赴上海演出（这是梅兰芳第一次离开北京）。

11 月 16 日，第一次贴演扎靠戏《穆柯寨》（是梅兰芳第一次唱大轴戏）。

本年开始研究新腔并学习昆曲。全家移居北京鞭子巷三条。

1914 年

1 月，在庆丰堂与王蕙芳同拜陈德霖为师。

本年，先后从师乔蕙兰、李寿山、陈嘉梁学习昆曲。又从路三宝、王瑶卿学戏。

7 月—10 月，在“翊文社”最初尝试创编了时装新戏《孽海波澜》。

本年，对化装、头饰方面进行了改革。

1915 年

4 月 10 日，在北京吉祥园上演创编时装新戏《宦海潮》。

4 月 16 日，在北京吉祥园上演创编时装新戏《邓霞姑》。

10 月 31 日，在北京吉祥园首演创编古装新戏《嫦娥奔月》。第一次在京剧舞台上使用追光，把灯光的作用向前推进了一步。

本年，开始学习绘画，绘画老师是画家王梦白。此后，又结识了画家陈师曾、金拱北、姚茫父、陈半丁、齐白石等。同时，与收藏家朱翼庵订交，广泛观赏书画和古器物。

1916 年

1 月 14 日，在北京吉祥园上演创编的新戏《黛玉葬花》。

4 月 19 日—21 日，在北京吉祥园上演创编时装新戏《一缕麻》。

1917 年

创编了神话歌舞剧《天女散花》。

1918 年

演出《游园惊梦》。梅派《游园惊梦》堪称中国戏曲艺苑中的奇葩。同年创编演出了《麻姑献寿》《红线盗盒》。

1919 年

4 月 21 日—5 月 27 日，应日本帝国剧场邀请，携同“喜群社”赴日本，先后在东京、大阪、神户等地演出。

12 月，应近代实业家张謇邀请，第一次到江苏南通演出。

1920 年

第一次拍摄无声电影《春香闹学》。

1921 年

年初，与杨小楼合作组织“崇林社”剧团。

年末，与福芝芳结婚。

1922 年

2 月 15 日，在北京第一舞台首演创编新戏《霸王别姬》。

夏季，独自组建“承华社”剧团。

10 月 15 日—11 月 22 日，应香港太平戏院邀请，率“承华社”剧团140 余人赴港演出。

1923 年

首创在京剧伴奏乐器中增加二胡，使京剧音乐更加丰富。

11 月，在北京开明戏院上演创编新戏《洛神》。

11 月，在北京真光剧场上演创编新戏《廉锦枫》。

1924 年

5 月，在北京寓所接待印度著名学者、诗人、作家泰戈尔。

10 月 9 日—11 月 22 日，应日本帝国剧场社长邀请，第二次赴日本，先后在东京、大阪、京都等地演出。

1925 年

创编新戏头本、二本《太真外传》。

1926 年

创编新戏三本、四本《太真外传》。

在北京东城无量大人胡同梅宅接待来访问的瑞典王储夫妇。

1927 年

被评为京剧“四大名旦”之首。

创编新戏《俊袭人》。

1928 年

4 月 6 日，在北京中和戏院首演创编新戏《凤还巢》。

夏季，在北京编演了新戏全本《宇宙锋》。

本年，第二次赴香港演出。

1930 年

1 月—7 月，率“承华社”剧团部分演员经日本横滨、加拿大维多利亚赴美国演出，先后在西雅图、芝加哥、华盛顿、纽约、旧金山、洛杉矶、圣地亚哥、檀香山等地演出 72 天。

被美国波摩拿学院、南加利福尼亚大学分别授予文学荣誉博士学位。

1931 年

5 月，与余叔岩、齐如山、张伯驹等人创办“国剧学会”。

本年，第三次率团赴香港演出。

1932 年

从北京迁居上海。

1933 年

在上海天蟾舞台上演了创编新戏《抗金兵》。

1935 年

2 月 21 日—4 月 21 日，率剧团赴苏联演出。在苏联先后与戏剧大师斯坦尼斯拉夫斯基、布莱希特会面。

4 月—8 月，赴波兰、德国、法国、比利时、意大利、英国等国进行戏剧考察。后经埃及、印度回国。

1936 年

2 月 26 日，在上海天蟾舞台上演了创编新戏《生死恨》。

1938 年

年初，携家眷和剧团演职员再次赴香港演出。全家留居香港。

1941 年

蓄须明志，息影舞台。

1942 年

夏，由香港返回上海。从此，杜门谢客。

1945 年

10 月，重新登台，在上海美琪大戏院与俞振飞合作演出昆曲《断桥》《游园惊梦》等剧目。

1948 年

6 月—11 月，在上海联华三厂拍摄彩色片《生死恨》。

1949 年

7 月，出席中华全国第一次文学艺术工作者代表大会。

9 月 30 日，当选全国政协常务委员。

10 月 1 日，参加中华人民共和国和中央人民政府成立典礼活动。

1951 年

4 月，被任命为中国戏曲研究院院长。

7 月，全家从上海迁回北京，定居护国寺街 1 号（现梅兰芳纪念馆）。

1952 年

12 月，出席在奥地利首都维也纳举行的世界人民和平大会。

本年，与苏联著名舞蹈大师乌兰诺娃在北京会面。

1953 年

10 月，当选中国戏剧家协会副主席。

1954 年

9 月，当选中华人民共和国第一届全国人民代表。

1955 年

1 月，被任命为中国京剧院院长。

4 月，文化部、中国文联、中国戏剧家协会联合为梅兰芳、周信芳举办了舞台生活 50 年纪念活动。

2 月—8 月拍摄《梅兰芳舞台艺术》戏曲片，12 月制作完成。

1956 年

5 月 26 日—7 月 16 日，应日本朝日新闻社等团体邀请，在周恩来总理的关心和帮助下，组建了阵容强大的访日京剧代表团（梅兰芳任团长），第三次赴日本，先后在东京、九州、大阪、京都、名古屋等地演出。

1957 年

6 月 7 日，国际舞蹈协会主席海尔格来到北京授予梅兰芳荣誉奖章。

1959 年

5 月 25 日，在北京人民剧场上演创编新戏《穆桂英挂帅》。

1960 年

1 月 21 日，《游园惊梦》彩色电影片拍摄完成。

4 月 15 日，被北京市人民委员会任命为梅剧团团长。

1961 年

5 月 31 日，在中国科学院为科学家们演出《穆桂英挂帅》（这是梅兰芳在舞台生涯中的最后一次演出)。

7 月 9 日，被任命为中国戏曲学院院长。

8 月 8 日凌晨 5 时，在北京病逝。

梅兰芳演出剧目及扮演角色

（以时间先后为序）*

梅兰芳在舞台上度过近60个春秋，究竟演出过多少剧目，后人很难说出精确数字。他早期及中、晚期公开演出的剧目约有一百六七十出（当然肯定不会只有此数）。下面把梅兰芳演出过的剧目名称及其在戏中饰演的角色，分门别类列出。

（一）在梅兰芳演出的传统戏中，大部分是正工青衣戏，均是他早年演出的（在有些戏中，他担任配角），个别剧目在中期仍有演出，有的还在国外演出过。这部分剧目有：

《战蒲关》（又名《忠义节》），饰徐艳贞。

《搜孤救孤》，饰程婴之妻。

《浣纱记》，饰浣纱女。

《桑园寄子》，饰金氏。

《朱痕记》，饰赵锦荣。

《岳家庄》，饰岳云之姐。

《九更天》（又名《马义救主》），饰马义之女。

---

* 梅兰芳纪念馆. 梅兰芳表演艺术图影［M］. 北京：外文出版社，2002：附录.

《朱廉寨》，饰马昭仪。

《延安关》，饰双阳公主。

《缇萦救父》，饰缇萦。

《空谷番》，饰姚梦兰。

《摘缨会》，饰许姬。

《煤山恨》，饰周后。

《孝感天》（又名《掘地见母》），饰共叔段。

《桑园会》，饰罗敷女。

《别宫》，饰孙尚香。

《祭江》，饰孙尚香。

《孝义节》，饰孙尚香。

《截江夺斗》，饰孙尚香。

《打金枝》，饰升平公主。

《二度梅》（又名《落花园》），饰陈杏元。

《彩楼配》，饰王宝钏。

《三击掌》，饰王宝钏。

《探寒窑》（又名《母女会》），饰王宝钏。

《武家坡》，饰王宝钏。

《赶三关》，饰代战公主。

《大登殿》，饰王宝钏。

《祭塔》，饰白素贞。

《二进宫》，饰李艳妃。

《三娘教子》（又名《双官诰》《王春娥》），饰王春娥。

《四郎探母》，饰铁镜公主。

《女起解》，饰苏三。

《玉堂春》，饰苏三。

《御碑亭》，饰孟月华。

《梅玉配》，饰苏玉莲。

《儿女英雄传》，饰张金凤。

《雁门关》（又名《南北台》），饰青莲公主。

《法门寺》，饰宋巧姣。

《朱砂痣》，饰江氏。

《六月雪》，饰窦娥。

《打渔杀家》（又名《庆顶珠》），饰肖桂英。

《游龙戏凤》（又名《梅龙镇》），饰李凤姐。

《甘露寺》，饰孙尚香。

《美人计》，饰孙尚香。

《回荆州》，饰孙尚香。

《审头刺汤》（又名《一捧雪》），饰雪艳。

《天河配》，饰织女。

《穆柯寨》，饰穆桂英。

《枪挑穆天王》，饰穆桂英。

《宝莲灯》（又名《二堂舍子》），饰王桂英。

《双金莲》，饰潘金莲。

《五花洞》，饰潘金莲。

《四五花洞》，饰潘金莲。

《六五花洞》，饰潘金莲。

《八蜡庙》，饰张桂兰。

《破洪州》，饰穆桂英。

《樊江关》，饰薛金莲。

《头本虹霓关》，饰东方氏。

《二本虹霓关》，饰丫鬟。

《长坂坡》，饰糜夫人。

《金针刺红蟒》（《混元盒》中一折），饰红蟒。

《琵琶缘》（《混元盒》中一折），饰蝎子精。

《南天门》（又名《走雪山》），饰玉姐。

《汾河湾》，饰柳迎春。

《春秋配》，饰姜秋莲。

《龙凤呈祥》（又名《全部美人计》），饰孙尚香。

《红鬃烈马》（又名《素富贵》《全部王宝钏》），饰王宝钏。

（二）梅兰芳在中期演出时，曾在一些义务戏和堂会戏中，反串过各种角色，目前整理的有：

《辕门射戟》，饰吕布。

《八蜡庙》，饰黄天霸。

《镇潭州》，饰杨再兴。

《三江口》，饰周瑜。

《艳阳楼》，饰呼延豹。

（三）梅兰芳在 1913 年第一次赴上海演出归来后，在几年内编排了五出时装新戏，受到观众的欢迎。这几出戏是：

《孽海波澜》，饰孟素卿。

《宦海潮》，饰余霍氏。

《邓霞姑》，饰邓霞姑。

《一缕麻》，饰林纫芬。

《童女斩蛇》，饰李寄娥。

（四）梅兰芳从 1915 年起（不足十年间），编演了大量新戏，特别是在古装剧中创造了很多新的艺术表现手法，载歌载舞。这些剧目至今仍受到国内外广大观众的欢迎。它们是：

《嫦娥奔月》，饰嫦娥（花镰舞）。

《天女散花》，饰天女（长绸舞）。

《麻姑献寿》，饰麻姑（盘舞）。

《上元夫人》，饰上元夫人（云帚舞）。

《洛神》，饰宓妃（独舞、群舞）。

《红线盗盒》，饰红线女（拂尘舞）。

《木兰从军》，饰花木兰（单剑舞）。

《霸王别姬》，饰虞姬（双剑舞）。

《廉锦枫》，饰廉锦枫。

《前部西施》，饰西施（羽舞）。

《后部西施》，饰西施（后改一晚演出）。

《头本太真外传》，饰杨玉环（从“拈香奇遇”至“太真出浴”）。

《二本太真外传》，饰杨玉环（从“太白醉写”至“梦游月宫”）。

《三本太真外传》，饰杨玉环（从“禄山求职”至“翠盘艳舞”）。

《四本太真外传》，饰杨玉环（从“御前面奏”至“玉真梦会”）。

（五）梅兰芳在20世纪20年代前，根据名著《红楼梦》编演了三出剧目，这是第一次在当时的北方出现红楼戏，又给京剧舞台增添了异彩。

《黛玉葬花》，饰林黛玉。

《千金一笑》（又名《晴雯撕扇》），饰晴雯。

《俊袭人》，饰袭人。

（六）梅兰芳对一些老剧目或其他剧种的剧目，进行重新创作，在每出戏中都注入许多新的艺术因素，付出了大量的创造性劳动，有些戏已成为梅派艺术的精品。具体剧目有：

《牢狱鸳鸯》，饰郦珊珂。

《春灯谜》，饰韦影娘。

《宇宙锋》，饰赵艳容。

《贵妃醉酒》，饰杨玉环。

《凤还巢》，饰程雪娥。

《抗金兵》，饰梁红玉。

《生死恨》，饰韩玉娘。

《穆桂英挂帅》，饰穆桂英。

（七）梅兰芳由于爱好和有志于提倡昆曲，向多位名家学习并积极倡导演出，引起观众对昆曲这一古老剧种的重视，使昆曲重放异彩。在他演出的昆曲剧目中，很多已成为梅派的代表剧目，受到国内外观众的好评。他演出的昆曲剧目有：

《白蛇传》，（《金山寺》，饰白蛇；《断桥》，饰白蛇）。

《孽海记》，（《思凡》，饰赵色空）。

《牡丹亭》，（《春香闹学》，饰春香；《游园惊梦》，饰杜丽娘）。

《西厢记》，（《佳期・拷红》，饰红娘）。

《风筝误》，（《惊丑・前亲・逼婚・后婚》，饰俊小姐）。

《玉簪记》，（《琴桃・偷诗・问病》，饰陈妙常）。

《狮吼记》，（《梳妆・跪池・三怕》，饰柳氏）。

《金雀记》，（《觅花・庵会》，饰井文鸾；《乔醋・醉圆》，饰巫彩凤）。

《铁冠图》，（《刺虎》，饰费贞娥）。

《昭君出塞》，（《出塞》，饰王昭君）。

《长生殿》，（《鹊桥・密誓》，饰杨玉环）。

《南柯记》，（《瑶台》，饰金枝公主）。

《渔家乐》，（《打舟・藏舟》，饰邬飞霞）。

《翡翠园》，（《盗令・杀舟——游街》，饰赵翠儿）。

《奇双会》，又名《贩马记》，（《哭监・写状》，饰李桂枝；《三拉・团圆》，饰李桂枝）。

参考文献

一、著作类

[1] 北京市艺术研究所，上海艺术研究所. 中国京剧史（上、下卷）[M]. 北京：中国戏剧出版社，1990.

[2] 中国大百科全书总编辑委员会《戏曲 曲艺》编辑委员会. 中国大百科全书：戏曲曲艺 [M]. 北京：中国大百科全书出版社，1983.

[3]《中国戏曲志》编辑委员会，《中国戏曲志·北京卷》编辑委员会. 中国戏曲志·北京卷（上、下）[M]. 北京：中国ISBN 出版中心，1999.

[4] 中国梅兰芳研究学会，梅兰芳纪念馆. 梅兰芳艺术评论集 [M]. 北京：中国戏剧出版社，1990.

[5] 中国戏剧家协会. 梅兰芳文集 [M]. 北京：中国戏剧出版社，1962.

[6] 梅兰芳. 梅兰芳回忆录 [M]. 北京：团结出版社，2006.

[7] 梅兰芳. 移步不换形 [M]. 天津：百花文艺出版社，2000.

[8] 梅兰芳. 梅兰芳谈艺录 [M]. 长沙：湖南大学出版社，2010.

[9] 梅兰芳纪念馆. 梅兰芳表演艺术图影 [M]. 北京：外文出版社，2002.

［10］齐崧. 谈梅兰芳［M］. 合肥：黄山书社，2008.

［11］梅邵武. 我的父亲梅兰芳［M］. 天津：百花文艺出版社，1984.

［12］徐城北. 梅兰芳艺术谭［M］. 南京：江苏教育出版社，2006.

［13］齐如山. 齐如山回忆录［M］. 北京：中国戏剧出版社，1989.

［14］李仲明. 梅兰芳的梅风兰韵［M］. 北京：东方出版社，2008.

［15］徐城北. 京剧的知性之旅［M］. 北京：当代中国出版社，2009.

［16］蒋锡武. 京剧精神［M］. 汉口：湖北教育出版社，1997.

［17］杜广沛. 旧京老戏单：从宣统到民国［M］. 北京：中国文联出版社，2004.

［18］梅兰芳纪念馆. 梅兰芳珍藏老相册［M］. 北京：外文出版社，2003.

［19］刘彦君. 梅兰芳传［M］. 石家庄：河北教育出版社，1996.

［20］李伶伶. 梅兰芳全传［M］. 北京：中国青年出版社，2001.

［21］董维贤. 京剧流派［M］. 北京：文化艺术出版社，1981.

［22］泰州市梅兰芳史料陈列馆. 梅兰芳唱腔选集［M］. 储晓梅，记谱整理. 北京：人民音乐出版社，1994.

［23］刘嵩崑. 京师梨园轶事［M］. 南昌：江西美术出版社，2007.

［24］朱熹. 论语集注［M］. 北京：商务印书馆，2002.

［25］中国戏曲研究院. 中国古典戏曲论著集成［M］. 北京：中国戏剧出版社，1959.

［26］陈多，叶长海. 中国历代剧论选注：修订本［M］. 上海：上海古籍出版社，2022.

［27］俞为民，孙蓉蓉. 历代曲话汇编：新编中国古典戏曲论著集成　唐宋元编［M］. 合肥：黄山书社，2006.

［28］王利器. 元明清三代禁毁小说戏曲史料［M］. 上海：上海古籍出版社，1981.

[29] 李昌集. 中国古代曲学史 [M]. 上海：华东师范大学出版社，1997.

[30] 俞为民，孙蓉蓉. 历代曲话汇编：新编中国古典戏曲论著集成　明代编 [M]. 合肥：黄山书社，2009.

[31] 司徒秀英. 明代教化剧群观 [M]. 上海：上海古籍出版社，2009.

[32] 袁行霈. 中国文学史（第三版）：第四卷 [M]. 北京：高等教育出版社，2014.

[33] 徐渭. 徐渭集：全 4 册 [M]. 北京：中华书局，1983.

[34] 徐渭.《南词叙录》注释 [M]. 李复波，熊澄宇，注释. 北京：中国戏剧出版社，1989.

[35] 王骥德. 王骥德曲律 [M]. 陈多，叶长海，注释. 长沙：湖南人民出版社，1983.

[36] 黄延复. 二三十年代清华校园文化 [M]. 桂林：广西师范大学出版社，2000.

[37] 俞平伯. 俞平伯说昆曲 [M]. 北京：北京出版社，2019.

[38] 浦江清. 清华园日记　西行日记 [M]. 上海：生活・读书・新知三联书店，1987.

[39] 季羡林. 清华园日记 [M]. 北京：人民文学出版社，2015.

[40] 浦汉明. 漫唱心曲谱婵娟：读曲论稿 [M]. 天津：天津古籍出版社，2008.

[41] 陈旭，贺美英，张再兴. 清华大学志：1911—2010（第一卷）[M]. 北京：清华大学出版社，2018.

[42] 黑格尔. 美学：第 1 卷 [M]. 朱光潜，译. 北京：商务印书馆，1979.

[43] 戴圣. 礼记 [M]. 中华文化讲堂，注释. 北京：团结出版社，2017.

[44] 席勒. 美育书简 [M]. 徐恒醇，译. 北京：中国文联出版公司，1994.

[45] 蔡元培. 中国现代美学家文丛·蔡元培卷 [M]. 杭州：浙江大学出版社，2009.

[46] 王国维. 王国维论剧 [M]. 北京：中国戏剧出版社，2010.

[47] 卡冈. 美学和系统方法 [M]. 凌继尧，译. 北京：中国文联出版公司，1985.

[48] 宗白华. 艺境 [M]. 北京：北京大学出版社，1987.

[49] 丹纳. 艺术哲学 [M]. 傅雷，译. 杭州：浙江人民美术出版社，2017.

[50] 朱光潜. 悲剧心理学 [M]. 北京：人民文学出版社，1983.

[51] 郭汉城. 淡渍堂三种 [M]. 北京：北京时代华文书局，2015.

[52] 海德格尔. 海德格尔选集（二十世纪欧美思想家文库）：下 [M]. 孙周兴，选编. 上海：生活·读书·新知三联书店，1996.

二、期刊、报纸类

[1] 任明耀. 试论梅派艺术 [J]. 戏曲艺术，1985（2）.

[2] 王建新. “圆”：——梅兰芳表演艺术谈 [J]. 戏剧（中央戏剧学院学报），1994（4）.

[3] 宋光祖. 梅兰芳代表作的艺术特色 [J]. 戏剧艺术，1994（4）.

[4] 刘厚生. 梅兰芳表演艺术风格论 [J]. 中国戏剧，1994（12）.

[5] 张民. 梅兰芳唱腔的成就 [J]. 上海艺术家，1995（4）.

[6] 石磊. 论“移步不换形”：梅兰芳的京剧改革观 [J]. 中国京剧，1997（2）.

[7] 吴小如. 试论“移步不换形” [J]. 艺坛，2001（1）.

[8] 郭小男，翁思再. 在梅派与梅兰芳体系之间［N］. 中国文化报，2003-04-10.

[9] 李伟. "'移步'而不'换形'"：论京剧改革的梅兰芳模式［J］. 北京社会科学，2003（4）.

[10] 姜玥. 浅谈梅兰芳对京剧的改革［J］. 音乐生活，2006（9）.

[11] 安葵. 戏曲美学范畴之教化论［J］. 四川戏剧，2018（12）.

[12] 赵洪. 让戏曲艺术的种子在校园生根：2017 校园戏曲节回顾［J］. 中国京剧，2018（2）.

后　记

《梅兰芳与中华美育精神》是一部从中华美育历史与精神的维度系统阐述梅兰芳艺术价值和思想价值的著作，意求通过通俗易懂的语言阐述戏曲美育精神和梅兰芳独特的表演艺术。

梅兰芳是中国戏曲的杰出代表，他在京剧舞台上塑造了虞姬、杨贵妃、洛神、嫦娥等女性形象，创造了永恒的“梅兰芳意象”，使梅派艺术成为中华文化史上的璀璨一笔。梅兰芳艺术的形成与发展是一个经过时间淬炼、由俗向雅不断去芜存菁的演进过程，其“移步不换形”艺术理论也成为京剧发展的重要规律。梅兰芳是一位具有民族精神的艺术大家，他在汲取传统戏曲精粹的基础上兼收并蓄，以开拓的艺术视域融汇和借鉴新的艺术观念和思想，在传统戏、新编历史戏和时装新戏上都进行了卓有成效的实践，拓宽了京剧表演的题材，提升了京剧表演的艺术高度。经过历史沉淀，他创造完成的《贵妃醉酒》《霸王别姬》《宇宙锋》《凤还巢》《生死恨》《抗金兵》《穆桂英挂帅》等作品，成为梅派传承的经典范本。他在艺术实践基础上积累形成的“移步不换形”的观点，更是成为主导近代百年京剧革新的核心观念之一。

梅兰芳是美的化身，一生循美而行，在艺术上他精益求精、尽善尽美，实现了中正平和的审美境界；在人格上他德善待人、浩然正气，施行君子之道，成为中华美育精神“美善合一”的典范。在当代美育大发展的环境下，如何在借鉴传统戏曲美育思想的基础上，挖掘梅兰芳艺术的美育价值，培根铸魂，立德树人，是新时代美育工作的使命和责任。

理解当年戏曲美育政策和发展方向，有必要从中国戏曲历史发展脉络中总结经验。中国传统戏曲教化观念中蕴含美育意识，“礼乐教化”作为中国传统文化的核心思想，直接渗透和影响了戏曲教化观念的生成与发展。宋元时期是戏曲教化观念的初创期，随着文人深入参与戏曲活动逐渐形成“戏教”思想雏形。明初国家主导的功利戏曲教化观得以确立，《琵琶记》被推崇为“教化剧”典范，此后百余年涌现的大量跟风之作一度形成“教化剧”风潮，推崇教化忽略审美的偏执观念也致使剧坛僵化。直至嘉靖、隆庆年间，剧坛才得以复兴，并在王阳明心学思想的影响下，孕育出以汤显祖的“以情为理”为代表的教化观念高潮。由于清代皇权强势，戏曲教化观念进入由“情”返“理”的过渡期，“情”与“理”调和态势日趋明显，《长生殿》和《桃花扇》的主题归旨已走向“以情释理”的时期。乾隆时期“礼学”兴盛，出现文人“教化剧”的二次高潮。至皮簧兴盛的百余年间，突出以情说理的戏曲教化观念始终居于主流，维系至清末民初的风气大变革时期，才有新的观念出现。19 世纪末西方美育观念传播至中国，在巨大的社会变革影响下，戏曲也被赋予新民的社会功能，传统的教化观念在现代化进程中被改写，戏曲的美育功能和作用逐渐得到进一步确认。经过近百年的发展和沉淀，戏曲的审美功能和社会作用在新的社会环境下，得到了新的定位。戏曲在当下已经进入了非遗时代语境，作为中国传统文化沉淀的载体，古典戏曲美育理论被重新阐释，将其融入现代戏曲美育体系，发挥其独有的审美价值，对推进传统戏曲文化的传承与发展大有裨益。

著作的撰写秉持了将传统戏曲文化进行创造性转化的创新思维，以戏曲教化历史发展为主线，将梅兰芳艺术的美育实践作为研究对象，将专业课程和通识课程的讲课思路相结合，充分展现了当代梅兰芳美育研究和教学实践的成果。本书由两人合著而成，梅兰芳表演艺术部分由焦丽君老师完成；戏曲美育理论探讨部分主要由付桂生老师完成。因此，著作的内容、架构难免存在不顺畅之处，加之出版时间仓促，不足之处甚多，敬请读者批评指正。

付桂生　焦丽君

2023 年 11 月 1 日